Redis 운영 관리

Redis를 실무에 사용하기 전에 꼭 알아야 하는 실전 전략

지은이_ **강대명**

빅데이터와 클라우드에 관심이 많은 개발자다. 새로운 세상을 보러 어학연수를 다녀왔으며, 현재는 카카오에서 새로운 개발자 인생을 즐기고 있다.

Redis 운영 관리 : Redis를 실무에 사용하기 전에 꼭 알아야 하는 실전 전략

초판발행 2014년 3월 14일

지은이 강대명 / **펴낸이** 김태헌
펴낸곳 한빛미디어(주) / **주소** 서울시 마포구 양화로 7길 83 한빛미디어(주) IT출판부
전화 02-325-5544 / **팩스** 02-336-7124
등록 1999년 6월 24일 제10-1779호
ISBN 978-89-6848-681-4 13000 / **정가** 11,900원

책임편집 배용석 / **기획** 김병희 / **편집** 안선화
디자인 표지 여동일, 내지 스튜디오 [밈], 조판 김현미
영업 김형진, 김진불, 조유미 / **마케팅** 박상용, 서은옥, 김옥현

이 책에 대한 의견이나 오탈자 및 잘못된 내용에 대한 수정 정보는 한빛미디어(주)의 홈페이지나 아래 이메일로 알려주십시오.
한빛미디어 홈페이지 www.hanbit.co.kr / **이메일** ask@hanbit.co.kr

Published by HANBIT Media, Inc. Printed in Korea

저자 서문

현재 우리는 수많은 서비스를 이용하고 있습니다. 이러한 서비스들은 우리가 모르는 사이에 수없이 생겨났다 사라지고 있어서, 서비스를 구축하는 개발자 입장에서는 모든 것을 스스로 개발할 수도 없고 함부로 오픈 소스를 사용하기도 힘듭니다. 그래서 잘 알려진 대형 서비스에서 많이 사용하는 기술이라면 안정적이거나 성능이 좋으리라고 믿게 됩니다. 그러다 보니 대형 서비스에서 이용하는 기술에 대한 관심이 늘게 마련이고, 개발하는 서비스에도 자연스레 이것을 이용하게 됩니다.

대형 서비스에서 이용하여 유명해진 기술의 대표적인 케이스가 Redis일 것입니다. 트위터, 인스타그램, 텀블러 등 비교적 큰 소셜미디어 업체에서 사용하고 있으니 안정성은 어느 정도 검증되었고, 성능이 빠르다는 점 역시 Redis를 선택하게 되는 이유입니다. 하지만 좋은 약은 또한 나쁜 독과도 일맥상통하는 법이지요. 중요한 서비스에 Redis를 사용하지만, 어떻게 사용할지를 제대로 알지 못한다면 도리어 큰 화를 입을 수 있습니다. 실제로 Redis를 사용하는 많은 사람이 잘못된 지식으로 인해 모든 데이터를 날리는 것은 물론, 잘못된 형태로 사용하는 경우도 비일비재합니다. 필자 스스로 그런 모든 부분을 알지도 못하거니와, 이 책에서 역시 그 부분에 대해 모두 설명하지는 못할 것입니다. 그렇지만 이 책이, 대표적인 경우에 한해서는 미리 알고 대비할 수 있는 작은 보험쯤은 되어줄 수 있으리라 생각합니다.

마지막으로 책을 집필하는 동안 함께 많은 시간을 보내주지 못한 사랑하는 아내와 9개월 뒤에 태어날 우리의 소중한 아이에게 감사하다는 말을 전합니다.

집필을 마치며

지은이 **강대명**

대상 독자 및 Redis 관련 웹 사이트

초급	초중급	**중급**	중고급	고급

이 도서는 Redis를 어느 정도 알고 있으며, Redis를 실무에 사용하고자 하는 개발자를 대상으로 한다. Redis 사용에 부담을 느끼고 있는 개발자들에게, Redis를 실무에 사용할 때 필요한 팁이나 문제 해결 방법 등 실전 전략을 알려줄 것이다.

- Redis 응용에 관심이 있는 중급 개발자
- Redis의 내부구조를 익혀서 장애 처리나 운영에 사용하려는 개발자

Redis 관련 웹 사이트

- Redis 홈 페이지 : http://redis.io
- Redis 기본 명령어 : http://redis.io/commands
- Redis 소스 코드 : http://redis.io/download
- Redis 소스 저장소 : https://github.com/antirez/redis

한빛 eBook 리얼타임

한빛 eBook 리얼타임은 IT 개발자를 위한 eBook 입니다.

요즘 IT 업계에는 하루가 멀다 하고 수많은 기술이 나타나고 사라져 갑니다. 인터넷을 아무리 뒤져도 조금이나마 정리된 정보를 찾는 것도 쉽지 않습니다. 또한 잘 정리되어 책으로 나오기까지는 오랜 시간이 걸립니다. 어떻게 하면 조금이라도 더 유용한 정보를 빠르게 얻을 수 있을까요? 어떻게 하면 남보다 조금 더 빨리 경험하고 습득한 지식을 공유하고 발전시켜 나갈 수 있을까요? 세상에는 수많은 종이책이 있습니다. 그리고 그 종이책을 그대로 옮긴 전자책도 많습니다. 전자책에는 전자책에 적합한 콘텐츠와 전자책의 특성을 살린 형식이 있다고 생각합니다.

한빛이 지금 생각하고 추구하는, 개발자를 위한 리얼타임 전자책은 이렇습니다.

1. eBook Only - **빠르게 변화하는 IT 기술에 대해 핵심적인 정보를 신속하게 제공합니다.**

   500페이지 가까운 분량의 잘 정리된 도서(종이책)가 아니라, 핵심적인 내용을 빠르게 전달하기 위해 조금은 거칠지만 100페이지 내외의 전자책 전용으로 개발한 서비스입니다. 독자에게는 새로운 정보를 빨리 얻을 수 있는 기회가 되고, 자신이 먼저 경험한 지식과 정보를 책으로 펴내고 싶지만 너무 바빠서 엄두를 못 내시는 선배, 전문가, 고수분에게는 보다 쉽게 집필하실 기회가 되리라 생각합니다. 또한 새로운 정보와 지식을 빠르게 전달하기 위해 O'Reilly의 전자책 번역 서비스도 하고 있습니다.

2. **무료로 업데이트되는, 전자책 전용 서비스입니다.**

   종이책으로는 기술의 변화 속도를 따라잡기가 쉽지 않습니다. 책이 일정한 분량 이상으로 집필되고 정리되어 나오는 동안 기술은 이미 변해 있습니다. 전자책으로 출간된 이후에도 버전 업을 통해 중요한 기술적 변화가 있거나, 저자(역자)와 독자가 소통하면서 보완되고 발전된 노하우가 정리되면 구매하신 분께 무료로 업데이트해 드립니다.

3. 독자의 편의를 위하여, DRM-Free로 제공합니다.

구매한 전자책을 다양한 IT기기에서 자유롭게 활용하실 수 있도록 DRM-Free PDF 포맷으로 제공합니다. 이는 독자 여러분과 한빛이 생각하고 추구하는 전자책을 만들어 나가기 위해, 독자 여러분이 언제 어디서 어떤 기기를 사용하시더라도 편리하게 전자책을 보실 수 있도록 하기 위함입니다.

4. 전자책 환경을 고려한 최적의 형태와 디자인에 담고자 노력했습니다.

종이책을 그대로 옮겨 놓아 가독성이 떨어지고 읽기 힘든 전자책이 아니라, 전자책의 환경에 가능한 최적화하여 쾌적한 경험을 드리고자 합니다. 링크 등의 기능을 적극적으로 이용할 수 있음은 물론이고 글자 크기나 행간, 여백 등을 전자책에 가장 최적화된 형태로 새롭게 디자인하였습니다.

앞으로도 독자 여러분의 충고에 귀 기울이며 지속해서 발전시켜 나가도록 하겠습니다.

차례

1 | Redis의 이해

1.1 Redis란 무엇인가?

최근에 회자되고 있는 대규모 서비스를 운영하는 업체(인스타그램[01], 트위터[02], 핀터레스트[03], 텀블러[04] 등)의 엔지니어링 블로그를 살펴보면, 공통으로 자주 등장하는 기술들이 있다. 키워드를 뽑아보면 NoSQL, Cache, Redis, Memcache, Sharding 등으로 모두 대용량 데이터 처리 관련 기술이다.

즉, 대규모 서비스를 운영하는 업체는 항상 데이터의 안정적인 저장과 빠른 처리를 원하는데, 이를 위해 위의 키워드와 관련된 기술들이 필요하다. 이 책에서 소개할 Redis('레디스'라고 읽음)를 어떤 사람은 속도를 빠르게 하기 위한 '캐시Cache 솔루션'이라고 정의하고, 어떤 사람은 NoSQL의 Key-Value 스토어로 분류하기도 한다.

어려운 의미를 이해하기 전에, '캐시 솔루션'과 'Key-Value 스토어'의 공통적인 특징부터 짚고 넘어가도록 하자. 이 둘의 특징은 사용하기 쉽고 속도가 빠르다는 것이다.

먼저 Redis 관련 공식 정보를 정리하면 표 1-1과 같다.

---

01 http://instagram.com/
02 https://twitter.com/
03 https://pinterest.com/
04 https://www.tumblr.com/

표 1-1 Redis 관련 공식 정보

항목	내용
홈 페이지	http://redis.io
소스 저장소	https://github.com/antirez/redis
개발자	살바토레 산필리포(Salvatore Sanfilippo)
최신 버전	Redis 2.6.14 (http://redis.io/download)
로고	

Redis의 기본 명령어는 "http://redis.io/commands"에서 볼 수 있다. 명령어 별로 상세하게 정리되어 있으니, 관련 웹 사이트를 참고하기 바란다(다만, Sentinel 관련 명령어와 최근 추가된 명령어에 대한 상세한 정보는 없다. 그래도 주요 명령어들은 상세히 정리되어 있으니 참고하라).

Redis의 주요 사용자들은 이미 대규모 서비스를 운영하고 있는 큰 기업들이다. 트위터, 인스타그램, 텀블러 등 해외 소셜미디어들을 비롯해 국내 IT 기업인 네이버 라인 , 카카오 등에서도 중요 서비스를 구성하는 데 Redis를 사용하고 있다.

표 1-2 대규모 서비스를 제공하는 기업들의 Redis 사용 정보

항목	내용
트위터	1억 5천만 명의 액티브 사용자를 위해서 800대의 Redis를 사용하고 있다.[05]
핀터리스트	오브젝트 캐싱 용도로 사용하고 있다. 작년 자료니 올해는 더 많은 장비를 사용하고 있을 것으로 예상된다.[06]
인스타그램	Redis가 핵심이라고 할 정도로 인스타그램 서비스의 중요한 부분(메인피드, 세션) 등을 처리하고 있다.[07]
텀블러	분산 서비스를 위해서 Redis를 많이 사용하고 있다.[08]
라인	수십억 개의 행을 저장하기 위해서 Redis를 사용하고 있다.[09]

또한 신규 서비스를 준비하는 국내의 스타트업이나 국외의 소셜 게임 업체도 Redis를 도입하거나 도입하려고 준비 중이다. 그렇다면 이런 업체들은 왜 Redis를 사용할까? 이 책에서는 이렇게 많은 업체에서 Redis를 선택하게 된 데 결정적인 역할을 한 Redis의 주요 특성과 이를 안정적으로 운영하기 위해 필요한 팁에 대해서 알아볼 것이다.

1.2 Redis의 주요 특성

Redis를 사용하기 전에 우선 Redis의 특성을 간략하게 살펴보자.

---

05 http://highscalability.com/blog/2013/7/8/the-architecture-twitter-uses-to-deal-with-150m-active-users.html

06 http://highscalability.com/blog/2012/2/16/a-short-on-the-pinterest-stack-for-handling-3-million-users.html
http://highscalability.com/blog/2012/5/21/pinterest-architecture-update-18-million-visitors-10x-growth.html

07 http://highscalability.com/blog/2012/4/9/the-instagram-architecture-facebook-bought-for-a-cool-billio.html

08 http://highscalability.com/blog/2012/2/13/tumblr-architecture-15-billion-page-views-a-month-and-harder.html

09 http://tech.naver.jp/blog/?p=1420

표 1-3 Redis의 주요 특성

항목	내용
Key-Value 스토어	단순 스트링에 대한 Key/Value(키/밸류) 구조를 지원한다.
컬렉션 지원	List, Set, Sorted Set, Hash 등의 자료 구조를 지원한다.
Pub/Sub 지원	Publish/Subscribe 모델을 지원한다.
디스크 저장 (Persistent Layer)	현재 메모리 상태를 디스크로 저장할 수 있는 기능과 현재까지의 업데이트 관련 명령을 저장할 수 있는 AOF 기능이 있다.
복제(replication)	다른 노드에서 해당 내용을 복제할 수 있는 마스터/슬레이브 구조를 지원한다.
빠른 속도	이상의 기능들을 지원하면서도 초당 100,000QPS(Queries Per Second) 수준의 높은 성능을 자랑한다.

1.2.1 Key-Value 스토어

기본적으로 Redis는 Key-Value 형태의 데이터 저장소다. 그래서 다음과 같이 간단한 명령을 이용하여 데이터를 저장할 수 있다.

```
  $>set id:username “ username ”
  $>set id:email test@test.com
$>get id:username
```

1.2.2 컬렉션 지원

Redis의 가장 중요한 특징을 꼽으라면, 주저하지 않고 ‘컬렉션 기능’이라고 말할 것이다. 일반적으로 사용하는 컬렉션은 하나의 서버 내부에서 동작한다. 그러나 Redis를 이용하면 이런 특성을 분산 서버 환경에서 처리할 수 있어서, 전체적인 서비스를 설계하거나 구현할 때 많은 이점을 얻을 수 있다.

1.2.3 Pub/Sub 지원

Redis는 Publish/Subscribe 기능을 지원한다. 서버 간에 통지가 필요할 때, 이 기능이 매우 유용하다.

1.2.4 디스크 저장

Redis의 특징 중 하나는 현재의 메모리 상태를 디스크에 저장할 수 있다는 것이다. Redis에는 현재 메모리 상태의 스냅샷을 남기는 'RDB 기능'과 지금까지 실행된 업데이트 관련 명령어의 집합인 'AOF'가 있다.

다만, 여기엔 주의해야 할 점이 있다. 스냅샷을 남기는 기능의 이름이 'RDB'이다 보니 데이터베이스라고 생각해서 데이터베이스의 모든 기능 역시 지원되지 않을까 기대하는 개발자가 있는데, 단순히 이름만 'RDB'일 뿐 메모리 내용을 저장하는 기능 이외에는 아무것도 지원하지 않는다. 이렇게 덤프한 내용은 다시 메모리에 올려서 사용할 수 있다.

AOF는 "Append Only File"의 약어로, set/del 등의 업데이트 관련 명령을 받으면 해당 명령어를 그대로 기록해둔다. Redis에서는 가능하면 이 두 개를 모두 사용하는 것이 좋다고 이야기하지만, 디스크를 사용해서 저장하는 만큼 성능 손실은 어느 정도 감수해야 한다.

1.2.5 복제

Redis는 마스터/슬레이브 리플리케이션Replication, 복제을 지원한다. 이를 통해 마스터에 장애가 발생하면 슬레이브로 서비스하거나 마스터의 부하가 많을 때에는 슬레이브를 이용해서 읽기를 처리할 수도 있다. 대규모 서비스에서 Redis를 저장소로 안정적으로 사용하려면 복제 기능을 반드시 이용해야 한다.

1.2.6 빠른 속도

Redis를 선택하는 가장 큰 이유는 '성능'이다. 초당 50,000~60,000QPS 이상의 처리 속도가 필요하다면, 어쩔 수 없이 Redis나 Memcached를 사용해야 한다.

1.3 Redis와 Memcached 비교

필자는 Redis 관련 강의를 여러 곳에서 했는데 강의 중에 "Redis와 Memcached를 비교해보아, 어떤 것이 더 좋은가요?"라는 질문을 많이 받아 왔다. 아주 단순하게 비교하자면, Memcached는 캐시 솔루션이고 이러한 Memcached에 저장소의 개념이 추가된 것이 Redis라고 할 수 있다. '캐시'는 빠른 속도를 위해서 어떤 결과를 저장해 두는 것을 의미하며, 또한 '데이터가 사라지면 다시 만들 수 있다'는 전제를 내포하고 있다. 그런데 저장소라는 개념이 추가되면 '데이터가 유지되어야 한다'는 특성을 가지게 된다. 즉, Redis는 이런 특성으로 말미암아 디스크에 저장하는 RDB나 AOF, 복제Replication가 추가된 것이라고 보면 된다.

이 외에도 Redis는 컬렉션이라는 자료구조(List, Hash, Set, Sorted Set)를 제공하므로, 개발의 생산성 측면에서 볼 때 'Redis'가 'Memcached'보다 좋다. 이상의 내용을 표 1-4로 간단히 정리했다.

표 1-4 Redis와 Memcached의 장단점 비교

기능	Redis	Memcached
속도	초당 100,000QPS 이상	초당 100,000QPS 이상
자료구조	Key-Value, List Hash, Set Sorted Set 지원	Key-Value만 지원
안정성	특성을 잘못 이해할 경우, 프로세스 장애 발생	장애 거의 없음
응답 속도의 균일성	Memcached에 비해서 균일성이 떨어질 수 있음	전체적으로 균일함

표 1-4에서 마지막 항목의 '응답 속도의 균일성' 부분을 조금 더 자세히 알아보자. 대규모 트래픽으로 인해 많은 데이터가 업데이트되면, Redis는 Memcached에 비해서 속도가 출렁인다. 이것은 Redis와 Memcached의 메모리 할당 구조가 다르기 때문에 발생하는 현상이다. Redis는 jemalloc을 사용하는데, 매번 malloc과 free를 통해서 메모리 할당이 이루어진다. 반면 Memcached는 slab 할당자를 이용하여, 내부적으로는 메모리 할당을 다시 하지 않고 관리하는 형태를 취한다. 이로 인해서 Redis는 메모리 프래그멘테이션fragmentation 등이 발생하며 이 할당 비용 때문에 응답 속도가 느려진다. 다만, 이는 극단적으로 봤을 때 발생하는 일이다. 대규모 서비스에서도 Redis를 많이 도입하는 것으로 보아, 일반적으로 스타트업 등에서 사용하기에는 거의 문제가 없다고 봐도 될 것이다.

여기서 잠깐_ jemalloc 메모리 할당자

'jemalloc'은 제이슨 에반스Jason Evans가 FreeBSD의 메모리 할당 성능을 개선하기 위해서 만든 메모리 할당자다. 메모리 할당/해제를 많이 하는 프로그램에서는, 메모리 할당자를 jemalloc로 바꾸는 것만으로도 성능을 10~20퍼센트 정도 향상할 수 있다. 이는 메모리 할당 정책에 따라서 공간이나 속도에 영향을 받게 되고(운영체제 시간에 배운 Best Fit, Worst Fit 등을 떠올려보기 바란다), 심지어는 실제로 메모리가 남지만 사용하지 못하는 경우도 발생할 수 있기 때문에 가능한 일이다.

성능을 높여주는 메모리 할당자로는 구글에서 개발한 'tcmalloc'과 'jemalloc'이 가장 유명하다. 'tcmalloc'과 'jemalloc'을 사용하지 않고 있다면, 메모리 할당자를 이 둘로 바꾸기만 해도 쉽게 성능을 어느 정도 향상할 수 있다. 이에 대해 필자가 자세히 설명하기보다는, KTH 개발 블로그의 문서를 보는 게 여러분에게 더 도움이 될 것이다.[10]

10 http://dev.kthcorp.com/2011/05/12/last-free-lunch-facebooks-memory-allocator-jemalloc/

1.4 Redis 빌드해서 사용하기

Redis를 사용하려면 먼저 이를 빌드해야 한다. 이 책에서는 Redis 2.8.0-rc1 버전을 사용하며, 리눅스에서 Redis를 사용한다 가정하고 빌드 방법을 설명할 것이다. 먼저 "http://redis.io/download"에서 'redis-2.8.0 rc1.tar.gz' 파일을 다운받는다.

> **NOTE_** Redis는 현재 공식적으로 리눅스와 FreeBSD, Mac 등을 지원하고 있다. 윈도우는 공식적으로 지원하지 않으며, 필요하다면 MS 연구소인 'MSOpenTech'에서 패치한 버전을 사용해야 한다. 윈도우에서의 사용 방법은 이 책에서 다루지는 않는다. MSOpenTech의 패치 버전은 "https://github.com/MSOpenTech/redis"에서 다운받을 수 있다.

① 다운로드

```
$> wget http://download.redis.io/releases/redis-2.8.0-rc1.tar.gz
```

② 압축해제

```
/$> tar zxvf redis-2.8.0-rc1.tar.gz
```

③ 빌드

Redis의 빌드는 정말로 쉽다. 해당 디렉터리로 이동해서 make만 실행하면 된다.

```
$> cd redis-2.8.0-rc1
$> make
$> make test
```

단, make test를 이용하여 빌드를 확인하려면 'tcl 8.5' 버전 이상이 설치되어 있어야 한다.

여기서 잠깐_ Redis 빌드가 안 돼요!

가끔씩 공식적으로 지원하는 운영체제(리눅스/FreeBSD 등)에서 Redis가 빌드되지 않는 경우가 있다. 이 문제는 크게 두 가지 경우로 나눌 수 있다.

① __sync_add_and_fetch_4 관련 이슈

Redis는 32bit와 64bit 컴퓨터에서 빌드할 수 있다. 보통 64bit에서도 32bit를 사용할 수 있는데, __sync_add_and_fetch_4 관련 이슈는 64bit 컴퓨터를 사용하면서 32bit로 빌드하려는 사용자에게 많이 발생하는 이슈다. 빌드할 때 "__sync_add_and_fetch_4 함수를 찾을 수가 없다"라는 메시지가 뜨는데, 이 문제를 해결하려면 Makefile의 CFLAGS 속성에 '-march=i686' 또는 '-march=native'를 추가해야 한다. 해당 명령이 i686 이전 CPU 명령에 추가되어 있지 않은데 해당 형태로 빌드되어서 발생하는 이슈다.

gcc 4.2 이전 버전일 경우, -march=native를 사용하면 현재 CPU에 맞는 형태로 자동으로 빌드해준다. 다만, Makefile을 써본 개발자라면 그냥 make 32bit CFLAGS="-march=i686" 등으로 설정해주면 되지 않느냐고 생각할 수 있는데, Redis에서는 이 형태가 32bit로 빌드할 때 제대로 동작하지 않는다(64bit에서는 제대로 동작한다). 해당 Makefile의 32bit 라벨을 살펴보면 그 이유를 알 수 있다.

```
32bit:
    @echo ""
    @echo "WARNING: if it fails under Linux you probably need to install libc6-
    dev-i386"
    @echo ""
    $(MAKE) CFLAGS="-m32" LDFLAGS="-m32"
```

보는 바와 같이 이미 CFLAGS를 덮어써버리기 때문에, 외부에서 설정해둔 값이 사라져서 인식하지 못한다.

② make를 할 때, 특정 헤더를 찾지 못하는 이슈

Redis에서는 최초 make를 실행하면 '.make-prerequisites'과 '.make-setting'을 미리 만들어 두는데, 이 파일이 있으면 deps 폴더에 있는 라이브러리를 다시 빌드하지 않는다. 그래서 빌드 과정 중에 뭔가 오류가 발생하면(주로 컴파일러가 설치되어 있지 않고 make를 시도하는 경우에 발생한다. 예전에는 aws로 인스턴스를 생성하면 gcc가 설치되지 않은 경우도 있었다). 그래서 이 경우에는 deps 폴더를 강제로 다 빌드해주거나, 'make distclean'이라는 명령을 이용하여 빌드한다. 다음과 같이 하면 빌드 오류를 해결할 수 있다.

```
$> make distclean
$> make
```

2 | Redis 운영과 관리

2.1 Redis 운영과 관리의 핵심: Redis는 싱글 스레드다

Redis를 사용하다 보면 의도하지 않은 장애가 발생하거나 성능이 예측한 대로 나오지 않는 경우가 종종 발생한다. 이들은 모두 Redis가 싱글 스레드라는 것을 잊어버리거나 모르고 있기 때문에 발생하는 현상이다.

Redis는 싱글 스레드이기 때문에, 태생적으로 하나의 명령이 오랜 시간을 소모하는 작업에는 적합하지 않다. 그런데 이러한 특성을 이해하지 못하는 경우 장애가 발생하게 된다. 즉, 싱글 스레드이기 때문에 시간이 오래 걸리는 Redis 명령을 호출하면, 명령을 처리하는 동안에는 Redis가 다른 클라이언트의 요청을 처리할 수 없다. 앞으로 설명할 Redis 장애 사례의 대부분이 이와 관련된 문제들이다. 일단 실무에서 흔히 하는 실수의 사례를 살펴보자.

2.1.1 서버에서는 keys 명령을 사용하지 말자

Redis 명령어 중에, 현재 서버에 저장된 Key 목록을 볼 수 있는 keys 명령이 있다. 이 명령을 사용하면 원하는 패턴에 맞는 명령들만 얻어올 수도 있다. keys 명령의 사용법은 다음과 같다(정규표현식의 간단한 형태를 지원한다).

모든 Key를 가져올 때는 '*'를 사용한다.

```
redis 127.0.0.1:6379> keys *
1) "charsyam:name"
2) "abcd"
3) "abc"
4) "zadd"
```

```
  5) "charsyam:email"
  6) "charsyam"
  7) "sname"
  8) "za"
9) "efg"
```

Key 이름에 charsyam이 포함된 모든 Key를 가져올 때 '*charsyam*'을 사용한다.

```
  redis 127.0.0.1:6379> keys *charsyam*
  1) "charsyam:name"
  2) "charsyam:email"
3) "charsyam"
```

여기까지만 보면 keys 명령이 굉장히 좋은 기능을 제공하는 듯하다. 하지만 실제 서비스에서 해당 명령을 사용하면 장애로 이어질 가능성이 높다. 왜일까? 일례로 Redis를 사용하는 한 회사에서 필자에게 문의해 온 적이 있다. 데이터 양이 적을 때는 Redis가 굉장히 빠르다가, 데이터가 10만 개에서 20만 개가 되면서는 속도가 느려지기 시작했고, 데이터 양이 늘어날수록 속도가 점점 느려진다는 것이었다. 해당 서비스를 살펴보니, 서비스에서 필요한 Key 목록을 keys 명령을 통해서 가져오고 있었다. 그런데 Redis 매뉴얼을 보면 알겠지만, 해당 명령은 실제 제품에서는 쓰지 말라고 설명하고 있다.[01]

> **Warning**: consider KEYS as a command that should only be used in production environments with extreme care. It may ruin performance when it is executed against large databases. This command is intended for debugging and special operations, such as changing your keyspace layout. Don't use KEYS in your regular application code. If you're looking for a way to find keys in a subset of your keyspace, consider using sets.

01 http://redis.io/commands/keys

위의 문제는 keys 명령이 모든 Key를 대상으로 검색하기 때문에 발생하는 것이다. 다음의 소스 코드 2-1을 보자.

소스 코드 2-1 keys 명령의 구현(src/db.c)

```
void keysCommand(redisClient *c) {
    dictIterator *di;
    dictEntry *de;
    sds pattern = c->argv[1]->ptr;
    int plen = sdslen(pattern), allkeys;
    unsigned long numkeys = 0;
    void *replylen = addDeferredMultiBulkLength(c);

    di = dictGetSafeIterator(c->db->dict);
    allkeys = (pattern[0] == '*' && pattern[1] == '\0');
    while((de = dictNext(di)) != NULL) {
        sds key = dictGetKey(de);
        robj *keyobj;

if (allkeys || stringmatchlen(pattern,plen,key,sdslen(key),0)) {
            keyobj = createStringObject(key,sdslen(key));
            if (expireIfNeeded(c->db,keyobj) == 0) {
                addReplyBulk(c,keyobj);
                numkeys++;
            }
            decrRefCount(keyobj);
        }
    }
    dictReleaseIterator(di);
    setDeferredMultiBulkLength(c,replylen,numkeys);
}
```

소스 코드 2-1을 자세히 살펴보면, 현재 설정된 db의 모든 Key를 처음부터 끝까지 stringmat chlen 함수를 이용해서 비교한다. 즉, Key가 몇 개에서 몇천 개 수준이라면 금방 결과가 나오겠지만 몇십만 개, 몇백만 개, 몇천만 개가 넘어가면 해당 작업에 아주 많은 시간을 소모하게 되고, 작업하는 동안 다른 클라이언트의 요청은 전혀 처리되지 않는다. 그뿐만 아니라 이런 작업을 매번 수행할 경우, 결국 장애와 비슷한 상황이 발생하게 된다.

여기서 잠깐_ keys 명령을 꼭 사용해야 한다면?

위의 내용을 보고 나면 "필요한 Key 목록을 꼭 얻어야 할 경우에는 어떻게 해야 하나요?"라는 의문이 들 것이다. 이럴 때는 다음과 같은 방법을 이용할 수 있다.

예를 들어 Key에 유저 목록을 저장하고 날짜별로 구분해야 하는 유저라면, Redis의 'list', 'set', 'sorted set'을 이용해서 "register_userlist_20130801" 이름으로 자료 구조를 생성하여 "charsyam, bhkim, nadia" 등의 유저 Key를 넣어둔다. 그러면 최초에 해당 "register_userlist_20130801"을 읽어서 위의 "charsyam, bhkim, nadia" 등의 Key 목록을 알 수 있으므로, get이나 hget 등의 명령을 이용해서 해당 Key에 들어 있는 값을 가져올 수 있다.

다만, keys 명령을 사용하면 바로 목록을 가져올 수 있지만, 이렇게 "register_userlist_20130801"이나 "register_userlist_20130802" 형태로 추가 관리해야 한다는 단점이 있다. 또한 각각에 들어가야 하는 유저 수가 너무 많다면, "register_userlist_20130801_1", "register_userlist_20130801_2" 등의 방식으로 내부적으로 분할을 다시 고려해야 하는 문제가 발생할 수 있다.

2.1.2 flushall/flushdb 명령을 주의하자

Redis에는 모든 데이터를 삭제하는 'flushall/flushdb'라는 명령이 있다. Redis는 db라는 가상의 공간을 분리할 수 있는 개념을 제공하고, select 명령으로 이동할 수 있다. 이를 통해 같은 Key 이름이라도 'db 0번'이나 'db 1번' 등, db 개수에 따라서 여러 개를 만들 수 있다. 이런 db 하나의 내용을 통째로 지우는 것이 flushdb 명령이고, 모든 db의 내용을 모두 지울 수 있는 것이 flushall 명령이다(따로

select 명령을 주지 않으면 기본적으로는 0번을 사용한다).

간단한 예제를 통해 db의 개념을 간단하게 살펴보자. db 0번과 1번에 각각 'charsyam'이라는 Key를 생성하고 각각 '1234', '4321' 값을 할당한다. 이때, select 명령으로 어떤 db를 선택하는가에 따라서 서로 다른 값을 가져올 수 있다.

```
redis 127.0.0.1:6379> select 0
OK
redis 127.0.0.1:6379> set charsyam "1234"
OK
redis 127.0.0.1:6379> select 1
OK
redis 127.0.0.1:6379[1]> set charsyam "4321"
OK
redis 127.0.0.1:6379[1]> get charsyam
"4321"
redis 127.0.0.1:6379[1]> select 0
OK
redis 127.0.0.1:6379> get charsyam
"1234"
```

flushdb를 이용하여 하나의 db를 선택해서 지우거나, flushall로 데이터 전체 내용을 지울 때 주의해야 할 점이 있다. 특히 Memcached를 사용했던 개발자들이 쉽게 실수하는 부분이 있다. Memcached의 flushall 명령이 Redis의 flushall과는 전혀 다르게 동작하는 것을 모르고, 순식간에 모든 데이터가 지워질 것이라고 생각한다는 점이다. flushall 명령은 전체 데이터를 다 지우며, keys 명령처럼 많은 시간이 필요하다.

flushall을 이용해서 데이터를 지우는 속도를 측정해보면 다음과 같은 결과를 얻을 수 있다(실험 결과는 장비에 따라서 달라질 수 있다. 필자는 Intel i7 3세대 샌디브릿지 쿼드코어 2.0GHz 장비[02]를 사용하였다).

표 2-1 flushall이 데이터를 지우는 속도

아이템 개수	시간
1,000,000개	0.86초
10,000,000개	8.9초
100,000,000개	90초

거의 아이템 개수에 비례해서 시간이 걸린다는 것을 알 수 있다. 가령, 아이템이 1억 개가 있는데 서비스 중에 실수로 flushall 명령을 실행한다면, 90초 동안 다른 어떤 요청도 처리할 수가 없다는 의미다.

다음의 소스 코드 2-2를 통해 flushall 명령에 대해 살펴보자. 여기서 emptyDb를 호출한다.

소스 코드 2-2 flushallCommand(src/db.c)

```
void flushallCommand(redisClient *c) {
    signalFlushedDb(-1);
    server.dirty += emptyDb();
    addReply(c,shared.ok);
    if (server.rdb_child_pid != -1) {
        kill(server.rdb_child_pid,SIGUSR1);
        rdbRemoveTempFile(server.rdb_child_pid);
    }
    if (server.saveparamslen > 0) {
        /* Normally rdbSave() will reset dirty, but we don't want this here
```

02 http://www.intel.com/content/www/us/en/benchmarks/desktop/3rd-gen-core-i7-3770.html

```
         * as otherwise FLUSHALL will not be replicated nor put into the AOF. */
        int saved_dirty = server.dirty;
        rdbSave(server.rdb_filename);
        server.dirty = saved_dirty;
    }
    server.dirty++;
}
```

emptyDb 함수는 다음과 같다(src/db.c).

```
long long emptyDb() {
    int j;
    long long removed = 0;

    for (j = 0; j < server.dbnum; j++) {
        removed += dictSize(server.db[j].dict);
        dictEmpty(server.db[j].dict);
        dictEmpty(server.db[j].expires);
    }
    return removed;
}
```

emptyDb 함수에서 server.dbnum(db의 개수)만큼 반복문이 돌며 dictEmpty라는 함수를 호출하여, db에 있는 내용들을 지우는 것을 볼 수 있다. dictEmpty는 다음과 같이 구현되어 있다.

```
void dictEmpty(dict *d) {
    _dictClear(d,&d->ht[0]);
    _dictClear(d,&d->ht[1]);
```

```
        d->rehashidx = -1;
        d->iterators = 0;
}
```

dictEmpty는 _dictClear를 호출해서 dict 구조체의 ht[0], ht[1]를 지우는데, 이 구조체는 차후에 Redis 내부 구조를 설명하면서 간단하게 살펴볼 것이다.

```
int _dictClear(dict *d, dictht *ht)
{    unsigned long i;

    /* Free all the elements */
    for (i = 0; i < ht->size && ht->used > 0; i++) {
        dictEntry *he, *nextHe;

        if ((he = ht->table[i]) == NULL) continue;
        while(he) {
            nextHe = he->next;
            dictFreeKey(d, he);
            dictFreeVal(d, he);
            zfree(he);
            ht->used--;
            he = nextHe;
        }
    }
    /* Free the table and the allocated cache structure */
    zfree(ht->table);
    /* Re-initialize the table */
    _dictReset(ht);
    return DICT_OK; /* never fails */
}
```

_dictClear 함수에서 for문을 이용하여 실제 데이터를 일일이 삭제하는 것을 확인할 수 있다. 즉, 'flushall'이라는 함수에서 실제로 존재하는 데이터를 모두 일일이 삭제하는데, 지우는 속도가 O(n)이기 때문에 데이터 양에 영향을 받게 된다. Redis가 싱글 스레드이기 때문에 이런 작업을 피해야 원활한 서비스가 가능하다.

여기서 잠깐_ Redis의 flushall은 느린데 Memcached의 flush_all은 왜 빠를까?

Memcached를 사용해 본 적이 있는 분이라면, 데이터 개수에 상관 없이 Memcached에서는 항상 일정한 시간 안에 응답이 오는 것을 경험했을 것이다. 그리고 이런 경험 때문에 Redis에서도 flushall이 빠를 것으로 생각하지만, Redis에서는 위에서 설명한 것처럼 데이터를 일일이 지우기 때문에, flushall은 굉장히 느리다. 그렇다면 Memcached는 flush_all을 통한 삭제 동작이 왜 빠를까?

Memcached는 Redis처럼 모든 데이터를 삭제하지 않는다. 해당 명령어가 실행된 시간만 기록하고 이보다 이전에 저장된 Key는 get 명령을 통해서 접근할 때 없다고 하면서 실제로는 지운다.

Memcached 소스 코드에 있는 'memcached.c'의 3310라인을 보면 다음과 같이 flush_all 명령에서는 'oldest_live'라는 값만 셋팅한다.

```
if (exptime > 0)
    settings.oldest_live = realtime(exptime) - 1;
else /* exptime == 0 */
  settings.oldest_live = current_time - 1;
```

그리고 실제로 데이터를 읽는 do_items_get 함수를 보면 oldest_live 보다 먼저 생성된 Key는 없다고 하며 리턴한다. 다음 소스 코드를 보면 이를 확인할 수 있다.

```
  /** wrapper around assoc_find which does the lazy expiration logic */
  item *do_item_get(const char *key, const size_t nkey, const uint32_t hv) {
  ......
  if (it != NULL) {
          if (settings.oldest_live != 0 && settings.oldest_live <= current_time &&
              it->time <= settings.oldest_live) {
              do_item_unlink(it, hv);
              do_item_remove(it);
              it = NULL;
              if (was_found) {
                  fprintf(stderr, " -nuked by flush");
              }
          } else if (it->exptime != 0 && it->exptime <= current_time) {
              do_item_unlink(it, hv);
              do_item_remove(it);
              it = NULL;
              if (was_found) {
                  fprintf(stderr, "-nuked by expire");
              }
          } else {
              it->it_flags |= ITEM_FETCHED;
              DEBUG_REFCNT(it, '+');
          }
      }
  ......
}
```

그렇기 때문에 Memcached의 'flush_all'이 더 빠른 것처럼 느껴지게 된다.

2.2 미워할 수도 사랑할 수도 없는 Redis Persistent

Redis를 Memcached와 구분하는 특성 중에 하나는 Redis의 데이터를 디스크로 저장할 수 있는 Persistent 기능을 제공한다는 것이다. Memcached의 경우, 서버가 장애를 일으켜 문제가 발생하면 모든 데이터가 사라지지만, Redis는 디스크에 저장되어 있는 데이터를 기반으로 다시 복구할 수 있다. 그래서 Persistent 기능은 Redis를 데이터 스토어 형태로 사용할 경우 거의 필수적으로 사용해야 하는 기능이라고 할 수 있다.

그런데 이렇게 좋아 보이는 Redis의 디스크 저장 기능이 사실 장애의 주된 원인이 된다. 그래서 적절히 알고 사용하는 것이 아주 중요하다. Redis에서 제공하는 RDB, AOF 등의 기능에 대해 먼저 알아보고 여기서 발생하는 장애와 이를 피하는 방법을 차례대로 알아보자.

2.2.1 RDB

Redis에서 현재 메모리에 대한 덤프를 생성하는 기능을 'RDB'라고 한다. 이 이름 때문에 사람들에게서 'RDBMS'라는 오해를 받지만, RDB는 단순히 Redis의 메모리 스냅샷을 파일로 저장한 파일의 확장자명이다. 현재의 메모리에 대한 스냅샷을 저장한다면, 앞부분에서 "Redis는 싱글 스레드라서 긴 시간이 필요한 작업에는 어울리지 않는다"고 설명한 것이 떠오를 것이다. 그렇다면 RDB가 만들어지는 시간 동안 Redis는 아무런 요청을 못 하는 것일까? 또한, 저장하는 동안에도 계속 데이터의 생성/변경/삭제 작업이 이루어질 것인데, 이에 관해서는 어떻게 정확한 저장이 가능할까?

Redis는 지속적인 서비스와 RDB 저장을 위해 fork를 통해서 자식 프로세스를 생성한다. 즉, 자식 프로세스가 생성되면 현재 메모리 상태가 복제되므로, 이것을 기반으로 데이터를 저장한다. 정리하자면, RDB는 가장 최신의 데이터라기보다는 특정 시점의 데이터, 즉 스냅샷이라고 생각해야 한다.

RDB 저장을 위한 명령으로 'SAVE'와 'BGSAVE'가 있다. SAVE는 모든 작업을 멈추고 현재 메모리 상태에 대한 RDB 파일을 생성한다. 이 때문에 실제로 해당 시간 동안에는 아무런 작업을 할 수 없다(가령, aws m1.xxlarge 장비로 50GB 정도를 저장할 때 대략 7~8분 정도 소요되었다). BGSAVE는 백그라운드 SAVE의 약어이며, 실제로 자식 프로세스를 생성하는 fork 작업을 통해 자식 프로세스에서 RDB 파일을 저장한다.

RDB를 사용하려면 'redis.conf'에 다음 내용을 추가해야 한다.

```
  #dump.rdb 대신에 원하는 파일명으로 지정
dbfilename dump.rdb
```

또는 config set/get 명령을 통해서 변경할 수 있다.

```
  redis 127.0.0.1:6379> config get dbfilename
  1) "dbfilename"
  2) "dump.rdb"
  redis 127.0.0.1:6379> config set dbfilename test.rdb
  OK
  redis 127.0.0.1:6379> config get dbfilename
  1) "dbfilename"
2) "test.rdb"
```

기본적으로 RDB는 redis.conf에 '사용함'으로 설정되어 있고, 다음 save 구문에 의해서 동작한다.

```
    save 900 1
    save 300 10
  save 60 10000
```

위의 코드는 "save 〈Seconds〉 〈changes〉" 형태로, 900초 안에 1번이라도 변경이 있을 때, 300초 안에 10번의 변경이 있을 때, 60초 안에 10,000번의 변경이 있을 때 각각 RDB를 저장한다. 사용하는 서비스에 따라서 이 값을 조정하면 된다. 위의 설정을 모두 지울 경우, RDB가 자동적으로는 생성되지 않는다.

2.2.2 AOF

AOF는 "Append Only File"의 약어로, 기존의 DBMS에서 제공하는 WAL[Write Ahead Log]와 비슷한 기능을 한다. 데이터를 저장하기 전에 AOF 파일에 현재 수행해야 할 명령을 미리 저장해두고, 장애가 발생하면 AOF를 기반으로 복구한다. 즉, 다음과 같은 순서로 데이터가 저장된다.

① 클라이언트가 Redis에 업데이트 관련 명령을 요청한다.
② Redis는 해당 명령을 AOF에 저장한다.
③ 파일쓰기가 완료되면 실제로 해당 명령을 실행해서 메모리의 내용을 변경한다.

AOF 파일은 Redis의 프로토콜을 그대로 저장한다. 그래서 AOF 파일을 열어보면 다음과 같은 코드를 볼 수 있다.

```
*2
$6
SELECT
$1
0
*5
```

```
$3
set
$1
a
$3
123
$2
tx
$6
100000
*5
$3
set
$1
a
$3
123
```

여기서 잠깐_ Redis 프로토콜

Redis는 통신을 위해서 아주 간단한 프로토콜을 이용한다. "set key value"라는 명령을 전달한다고 가정해보자. 이 명령은 총 3개의 키워드로 구성되어 있고, 각 크기는 3, 3, 5이다. Redis 프로토콜에서 하나의 명령은 다음과 같은 형태로 구성된다.

```
*키워드 개수\r\n
[키워드 개수만큼 반복]
$키워드 크기\r\n
키워드\r\n
```

가령, "set key value"는 다음과 같이 만들어진다.

```
*3\r\n
$3\r\n
Set\r\n
$3\r\n
Key\r\n
$5\r\n
Value\r\n
```

AOF 파일에도 위와 같은 형태로 데이터가 들어가 있는 것을 볼 수 있다. AOF파일은 redis.conf에 appendonly가 yes로 설정되어 있고, appendfilename으로 지정한 이름으로 저장된다. Appendfilename을 지정하지 않으면 기본값인 appendonly.aof로 지정된다.

여기서 잠깐_ AOF와 RDB의 우선순위

AOF와 RDB 모두 Redis에서 Persistent를 구현하는 방법인데, 두 개의 파일이 모두 있다면 어떤 것을 읽게 될까? 당연히 최신 데이터를 더 많이 가진 파일을 읽어야 할 텐데 어떤 파일이 최신 데이터를 더 많이 가지고 있는지는 알 수 없다. 하지만 특정 시점을 기준으로 한 스냅샷인 RDB와 WAL 형태의 AOF 중에서, AOF는 항상 메모리에 반영하기 직전에 쓰기 때문에 AOF를 읽게 된다(AOF가 신규 데이터를 더 많이 가지고 있다고 생각한다). RDB의 경우, 한 시간 단위로 저장한다면 장애 발생 시 다음 저장할 때까지의 데이터는 모두 유실되게 되지만, AOF는 매 작업마다 디스크에 기록을 남기기 때문에 모든 데이터가 남아 있다.

loadDataFromDisk 함수를 보면 aof_state가 'REDIS_AOF_ON'인 경우에 AOF 파일을 읽는 것을 확인할 수 있다.

```
/* Function called at startup to load RDB or AOF file in memory. */
void loadDataFromDisk(void) {
    long long start = ustime();
    if (server.aof_state == REDIS_AOF_ON) {
        if (loadAppendOnlyFile(server.aof_filename) == REDIS_OK)
            redisLog(REDIS_NOTICE,"DB loaded from append only file: %.3f seconds",
                (float)(ustime()-start)/1000000);
    } else {
        if (rdbLoad(server.rdb_filename) == REDIS_OK) {
            redisLog(REDIS_NOTICE,"DB loaded from disk: %.3f seconds",
                (float)(ustime()-start)/1000000);
        } else if (errno != ENOENT) {
            redisLog(REDIS_WARNING,"Fatal error loading the DB: %s. Exiting.",
            strerror(errno));
            exit(1);
        }
    }
}
```

AOF는 redis.conf에서 기본적으로 '사용 안 함'으로 설정되어 있다. AOF를 사용하려면 설정을 다음과 같이 변경해야 한다.

```
#appendonly는 기본적으로 no로 설정되어 있음
appendonly yes
appendfilename appendonly.aof
appendfsync everysec
```

여기서 주의해야 할 설정은 appendfsync 값이다. AOF를 파일에 저장할 때, OS가 파일쓰기 시점을 결정하여 파일을 버퍼 캐시(메모리)에 저장하고 적절한 시점에 이 데이터를 디스크로 저장한다. appendfsync는 디스크와 동기화를 얼마나 자주 할 것인지에 대해서 설정하는 값으로, 다음과 같이 세 가지가 있다.

표 2-2 appendfsync 설정 값

옵션	내용
always	AOF 값을 추가할 때마다 fsync를 호출해서 디스크에 실제 쓰기를 한다.
everysec	매초마다 fsync를 호출해서 디스크에 실제 쓰기를 한다.
no	OS가 실제 sync를 할 때까지 따로 설정하지 않는다.

디스크 쓰기가 실제 속도에 영향을 주므로 당연히 Redis의 속도는 "no 〉 everysec 〉 always" 순이다.

2.2.3 Redis가 메모리를 두 배로 사용하는 문제

Redis가 운영되는 중에 장애를 일으키는 가장 큰 원인은 RDB를 저장하는 Persistent 기능으로, fork를 사용하기 때문이다. 그럼, fork를 사용하는 것이 왜 문제가 될까? 이전에는 운영체제가 자식 프로세스를 생성하면, 부모 프로세스의 메모리를 모두 자식 프로세스에 복사해야 했다. 예를 들어, 부모 프로세스가 10GB 메모리를 사용 중이라면 자식 프로세스를 생성할 때 10GB의 메모리가 추가로 필요했다. 그러다

시간이 지나고 OS가 발전하여 'COW[Copy on Write]'라는 기술이 개발되었다. 이에 따라 fork 후, 자식 프로세스와 부모 프로세스의 메모리에서 실제로 변경이 발생한 부분만 차후에 복사하게 되었다. 하지만 Redis와 같은 솔루션을 사용하는 곳은 대부분 Write가 많으므로 예전의 경우와 마찬가지로 메모리를 두 배로 사용하는 경우가 생긴다.

다시 정리하자면, 다음과 같은 현상이 발생한다.

① 최초에 fork로 자식 프로세스 생성하면, 부모 프로세스와 자식 프로세스는 같은 메모리를 공유한다.

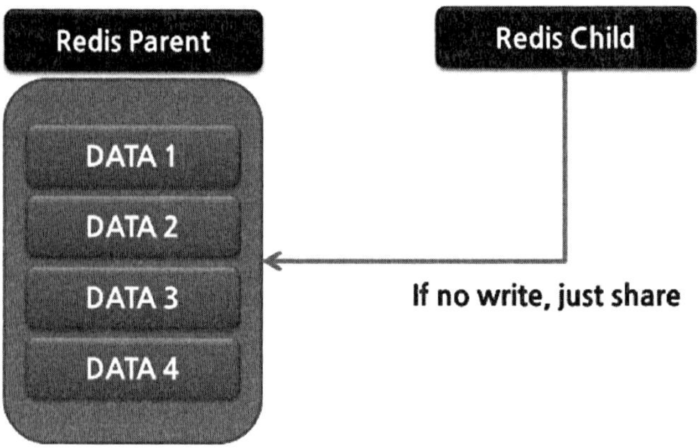

② 자식 프로세스에 Write가 발생할 때마다, 공유하는 해당 데이터는 자식 프로세스에 복사된다.

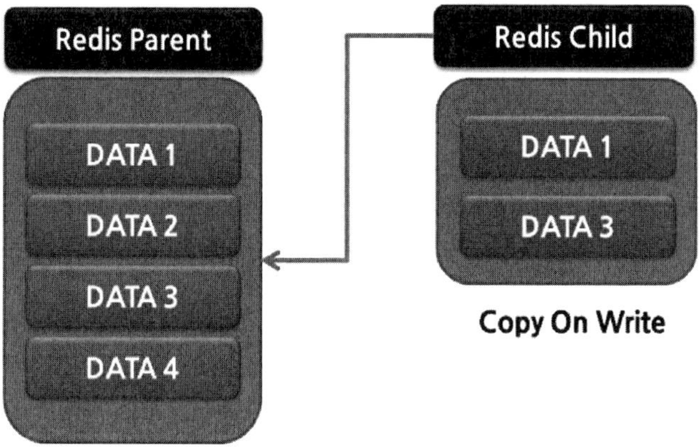

③ Write 작업이 많아서 부모 페이지에 있는 모든 페이지가 자식 페이지에 복사되면, 부모 프로세스와 자식 프로세스가 모두 같은 양의 메모리를 사용하게 되어 사용 메모리 양이 두 배가 된다.

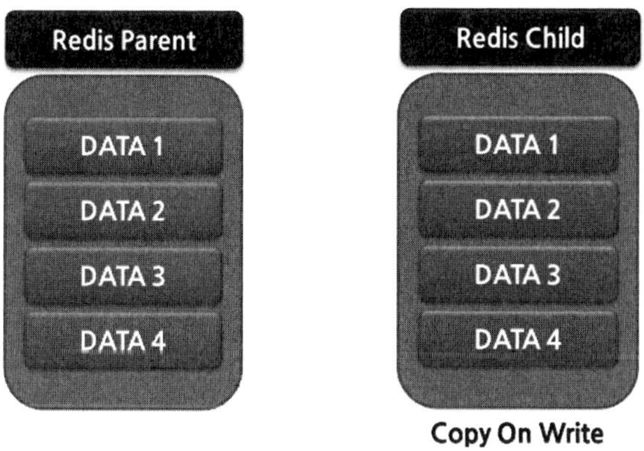

그런데 메모리를 두 배로 사용하게 되는 것이 왜 문제가 될까? 예를 들어 설명해보겠다. 메모리가 4GB인 장비가 있다고 할 때, 3GB를 Redis에서 사용하다가 RDB 저장을 위해 fork해서 자식 프로세스가 생성되면 어떤 문제가 발생할까? 만약 자식도 부모의 메모리인 3GB만큼 사용한다면, 메모리가 부족하므로 어떤 문제가 발생할지 알 수 없다.

여기서 잠깐_ 대용량 메모리와 Redis

Redis 서버를 운영하는 사람들은 "Redis 서버에 메모리를 얼마나 할당하는 것이 좋은가요?"라는 질문을 종종 받는다. Redis 자체는 64bit에서 메모리를 다루는 크기에 한계가 없지만(다만 Key와 Value는 각각 하나당 최대 512MB가 한계다), 다음과 같은 기준으로 메모리를 할당하는 것이 좋다.

예를 들어 Core 4개를 가지고 있으며 메모리가 32GB인 장비를 사용한다면, 프로세스 별로 6GB 정도를 할당하는 것이 좋다. 즉, 4 * 6 = 24GB 정도의 메모리를 사용하면 된다. Redis가 싱글 스레드이기 때문에, 하나의 Redis 서버를 하나의 장비에서 사용하는 것보다는 멀티 코어를 활용하기 위해 여러 개의 Redis 서버를 한 서버에 띄우는 것이 성능 면에서 좋다(단, 관리 비용은 늘어난다). 여러 개의 Redis 서버를 하나의 서버에 띄우면, RDB 저장으로 인해서 자식 프로세스가 생성된다. 즉 프로세스 4개와 RDB용 저장 프로세스를 합쳐 총 5개의 프로세스가 생성되더라도, 30GB(= 프로세스 5개 X 6GB)만 사용하므로 메모리에 여유가 있다.

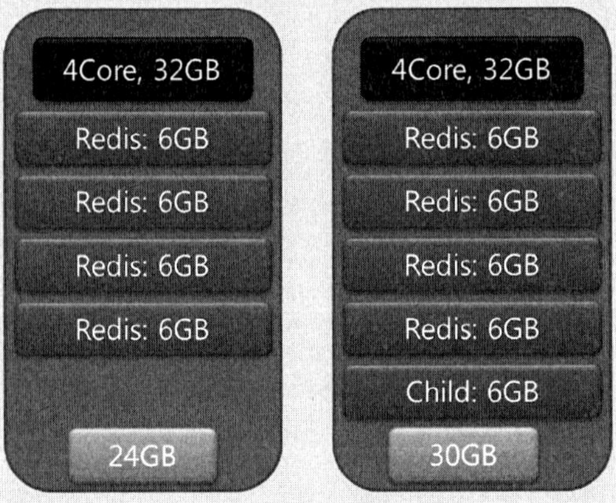

2.2.4 Redis의 장애: Read는 가능한데 Write만 실패하는 경우

Redis를 운영하면서 RDB를 사용하는 사람이라면 거의 99퍼센트 이상이 경험하는 장애가 있다. Redis 서버는 동작하지 않는데, 정기적인 Heartbeat 체크(PING 명령을 이용한 주기적인 확인)에는 이상이 없다고 나오는 황당한 상황이 바로 그것이다.

이러한 문제는 RDB 저장이 실패할 때, 기본 설정상 Write 관련 명령이 동작하지 않기 때문에 발생한다. 즉, Redis의 기본 설정상 RDB 저장이 실패하면 해당 장비에 뭔가 이상이 있다고 생각하여 Write 명령을 더는 처리하지 않으며, 데이터가 변경되지 않도록 관리한다. 일반적으로 Heartbeat 체크는 읽기 관련 명령을 이용하여 검사하기 때문에, 현재 그런 상태에 있다는 것을 확인하지 못하고 서비스에 장애가 발생한 것으로 인식하기 때문이다.

그렇다면 어떤 이유로 RDB 생성에 실패할까?

① RDB를 저장할 수 있을 정도의 디스크 여유 공간이 없는 경우
② 실제 디스크가 고장 난 경우
③ 메모리 부족으로 인해서 자식 프로세스를 생성하지 못한 경우
④ 누군가 강제적으로 자식 프로세스를 종료시킨 경우
⑤ 그 외 기타 등등

위의 이유 등으로 RDB 저장을 실패하면 Redis 내부의 'lastbgsave_status'라는 변수가 REDIS_ERR로 설정된다. 그러면 'processCommand'라는 함수에서 사용자 요청이 들어왔을 때 Write 관련 요청은 모두 무시하게 된다(src/redis.c).

```
/* Don't accept write commands if there are problems persisting on disk. */
    if (server.stop_writes_on_bgsave_err
        && server.saveparamslen > 0
```

```
        && server.lastbgsave_status == REDIS_ERR
        && c->cmd->flags & REDIS_CMD_WRITE)
    {
        flagTransaction(c);
        addReply(c, shared.bgsaveerr);
        return REDIS_OK;
    }
```

그리고 lastbgsave_status 값은 src/rdb.c의 'backgroundSaveDoneHandler'에서 처리된다.

```
/* A background saving child (BGSAVE) terminated its work. Handle this. */
void backgroundSaveDoneHandler(int exitcode, int bysignal) {
    if (!bysignal && exitcode == 0) {
        redisLog(REDIS_NOTICE,
            "Background saving terminated with success");
        server.dirty = server.dirty - server.dirty_before_bgsave;
        server.lastsave = time(NULL);
        server.lastbgsave_status = REDIS_OK;
    } else if (!bysignal && exitcode != 0) {
        redisLog(REDIS_WARNING, "Background saving error");
        server.lastbgsave_status = REDIS_ERR;
    } else {
        redisLog(REDIS_WARNING,
            "Background saving terminated by signal %d", bysignal);
        rdbRemoveTempFile(server.rdb_child_pid);
        /* SIGUSR1 is whitelisted, so we have a way to kill a child without
         * tirggering an error conditon. */
        if (bysignal != SIGUSR1)
            server.lastbgsave_status = REDIS_ERR;
    }
```

```
        server.rdb_child_pid = -1;
        server.rdb_save_time_last = time(NULL)-server.rdb_save_time_start;
        server.rdb_save_time_start = -1;
        /* Possibly there are slaves waiting for a BGSAVE in order to be served
         * (the first stage of SYNC is a bulk transfer of dump.rdb) */
        updateSlavesWaitingBgsave(exitcode == 0 ? REDIS_OK : REDIS_ERR);
  }
```

즉, RDB 저장이 비정상적으로 종료되거나 RDB 저장 프로세스의 종료 코드가 0이 아닌 경우, 'lastbgsave_status'는 REDIS_ERR이 되고 그러면 위의 "c->cmd->flags & REDIS_CMD_WRITE"라는 조건에 의해서 Write 관련 명령을 모두 금지시키게 된다.

그렇다면 이 문제는 어떻게 해결해야 할까? 첫 번째 방법은 해당 상황이 맞는지를 확인하는 것이다. 해당 상황이라면 Write 관련 요청에 대해서 항상 다음과 같은 응답을 받게 된다.

```
redis 127.0.0.1:6379> set a 123
(error) MISCONF Redis is configured to save RDB snapshots, but is currently
not able to persist on disk. Commands that may modify the data set are
disabled. Please check Redis logs for details about the error.
```

해당 문제를 확인하는 두 번째 방법은 info 명령을 이용해서 다음 값을 체크하는 것이다.

```
rdb_last_bgsave_status:ok
```

위의 두 가지 정보를 이용하면, 해당 Redis 서버가 현재 RDB 저장 실패로 인해서 Write가 금지되었는지를 확인할 수 있다는 것을 꼭 기억해 두길 바란다.

마지막으로, 정책상 이 상황에서 Write 명령을 허용해도 되는지 결정해야 한다. 이런 상황에서 계속 데이터를 변경하는 Write(추가/삭제/변경) 명령을 허용할지 여부는 서비스의 정책에 따라 다르다. 여기서는 Write를 허용한다고 가정한 뒤 어떻게 할 것인지 알아보자. 두 가지 방법이 있다.

① 이미 운영 중인 Redis 서버에서 변경하는 방법

```
redis 127.0.0.1:6379> config set stop-writes-on-bgsave-error no
OK
```

② redis.conf 에 미리 등록하는 방법

해당 방법은 Redis 2.6.12 버전까지는 지원하지 않다가 Redis 2.6.13 버전에서 추가된 것이다. Redis.conf에 다음과 같이 추가해 둔다.

```
#기본적으로는 stop-writes-on-bgsave-error yes로 되어 있음
stop-writes-on-bgsave-error no
```

특히 해당 장애를 많이 겪는 이유는 conf로 지정하는 방법이 없을뿐더러, 이전에는 항상 실행 중인 Redis 서버에 방법 ①만 사용하여야 했기 때문에 실행 후에 늘 추가로 설정 명령을 줘야 하는데, 이를 잊어버리는 경우가 많았기 때문이다.

3 | Redis 복제

Redis의 주요 특징 중 하나가 DBMS에서 제공하는 것과 유사한 복제Replication 기능이 있다는 것이다. 복제 기능은 장애 발생 시 빠른 서버 교체나 장비 교체 등에 사용할 수 있다. 복제 자체에 대해서는 아는 이들이 많으리라 생각한다. 그래서 이 책에서는 Redis의 복제가 일반적인 DBMS의 복제와 비교하여 어떤 부분이 다르고, 어떤 부분에 유의해서 봐야 하는지를 살펴볼 것이다.

3.1 Redis 복제 모델

Redis는 마스터/슬레이브 형태의 복제 모델을 제공한다. 이를 통해서 마스터의 변경이 슬레이브로 전파된다. 한 대의 슬레이브Slave는 오직 하나의 마스터Master만 가질 수 있다는 것을 기억해 둔다.

그림 3-1 복제

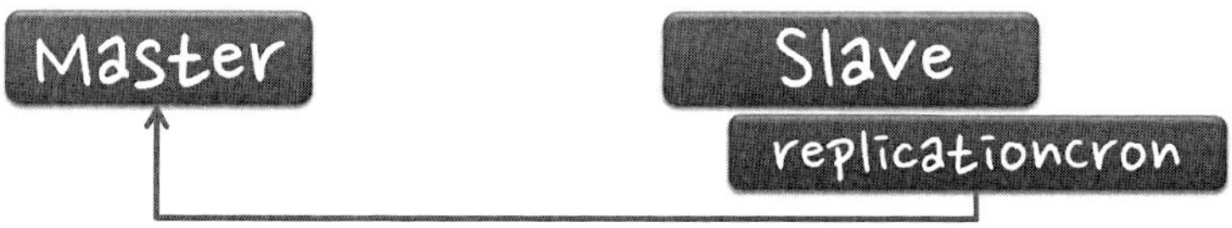

그림 3-1처럼, 슬레이브에서 마스터로 접속하게 된다. 또한, 이를 이용해서 슬레이브가 다른 장비의 마스터로도 동작할 수 있다.

그림 3-2 복제를 이용한 마스터/슬레이브 관계

그러면 복제 동작이 실제로 어떻게 수행되는지 살펴보자.

① 운영 중인 장비를 다른 장비의 슬레이브로 설정할 때

'slaveof' 라는 명령을 통해 다른 장비를 현재 장비의 마스터로 설정할 수 있다.

```
slaveof 〈ip〉 〈port〉
```

다음과 같이 먼저 두 대의 Redis 서버를 개별적으로 실행한다.

```
$ ./redis-server  - port 6379
$ ./redis-server  - port 6380
```

그런 다음, 둘 중 한 대에 접속해서 slaveof 명령을 설정한다.

```
$ ./redis-cli  - p 6380
redis 127.0.0.1:6380〉 slaveof 127.0.0.1 6379
OK
```

② redis.conf 수정하기

'redis.conf' 를 보면 slaveof라는 항목이 있다. 슬레이브로 동작할 서버의 conf 파일에 다음과 같이 설정한다.

```
# slaveof 〈masterip〉 〈masterport〉
slaveof 127.0.0.1 6379
```

이때 마스터는 "127.0.0.1:6379"로 설정했고 슬레이브는 "127.0.0.1:6380"인데, 각각 info 명령을 통해 보면 다음과 같이 관계가 있음을 볼 수 있다.

```
#Master 127.0.0.1:6379의 정보

# Replication
role:master
connected_slaves:1
slave0:127.0.0.1, 6380, online
```

마스터의 정보에서는 role과 현재 접속된 슬레이브의 수, 그리고 해당 슬레이브의 주소 정보를 알 수 있다.

```
#Slave 127.0.0.1:6380의 정보

# Replication
role:slave
master_host:127.0.0.1
master_port:6379
master_link_status:up
master_last_io_seconds_ago:8
master_sync_in_progress:0
slave_priority:100
slave_read_only:1
connected_slaves:0
```

슬레이브의 정보에서는 현재 어떤 마스터에 연결되어 있는지 등을 알 수 있다.

3.2 Redis 복제 과정

Redis의 복제 과정을 간략하게 정리하면 다음과 같다.

① 슬레이브에서 slaveof 명령을 이용하여 마스터 서버를 설정한다.

② 마스터 서버가 설정되면, replicationCron에서 현재 상태에 따라 connectWithMaster를 호출한다.

③ 마스터는 복제를 위해 RDB를 생성한 후 슬레이브에 전송한다.

④ 슬레이브는 RDB를 로드하고, 나머지 차이에 대한 명령을 마스터에서 전달받아 복제를 완료한다.

그림 3-3 소스 코드 기반의 Redis 복제 과정

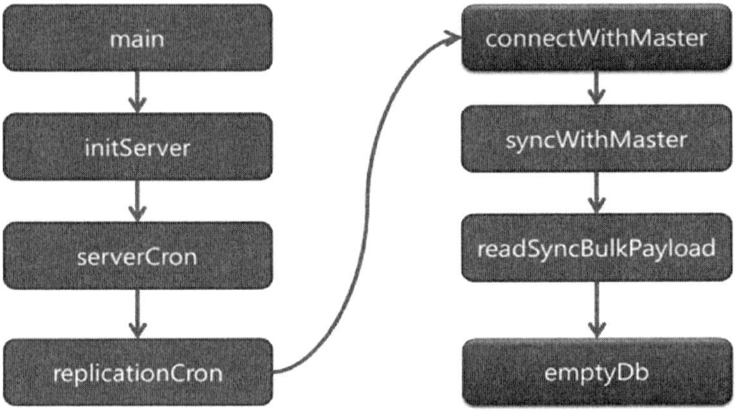

3.3 Redis 복제 사용 시 주의 사항

3.3.1 slaveof no one을 기억하자

Redis 복제를 사용할 때 흔히 하는 실수 중 하나가, Redis의 복제 과정상 특징을 모른 채 DBMS와 동일하다고 생각하기 때문에 발생한다. 슬레이브는 마스터의 상태를 지속적으로 감시하면서 바뀌는 내용을 계속 전달받는다. 만약 이상이 발생해서 마스터와 연결이 끊어지면 재접속을 시도하며, 마스터에서 전체 데이터를 다시 가져와 마스터의 최종 상태로 자신의 데이터를 변경한다. 이 과정을 좀 더 자세히 살펴보면 다음과 같다.

① 슬레이브는 마스터의 상태를 지속적으로 체크한다.

그림 3-4 슬레이브의 마스터 확인

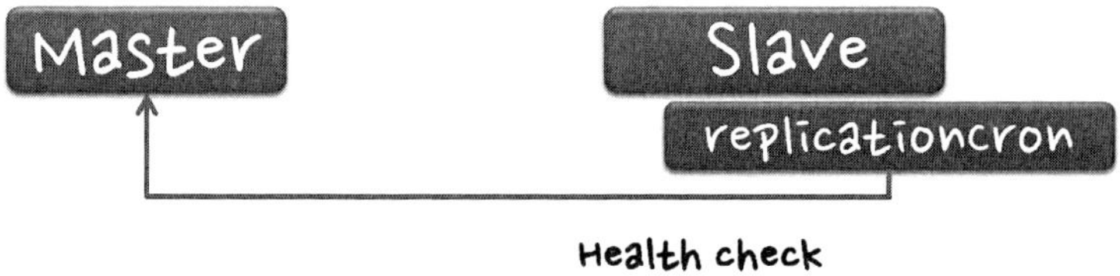

② 마스터와의 연결 상태상 이상을 슬레이브가 감지한다.

그림 3-5 마스터와의 연결 상태 이상 감지

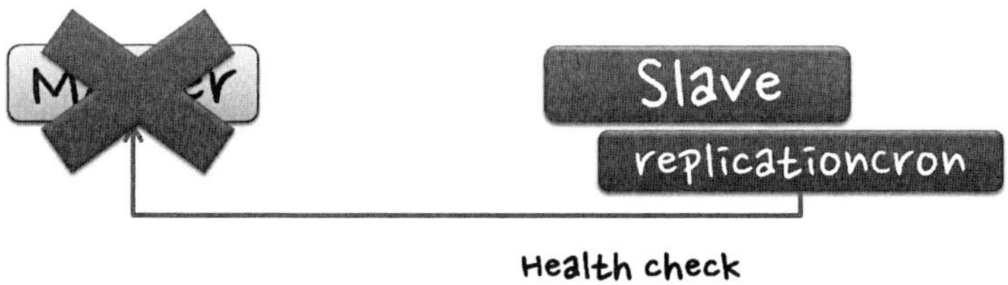

여기서 '연결 상태의 이상'이라고 표현하는 이유는, 실제로 마스터의 장애일 수도 있지만 네트워크 사정으로 인해 슬레이브가 마스터에 제대로 연결되지 못하는 상황일 수도 있어서다. 즉, 슬레이브에서는 명확하게 누구의 장애라고 인식할 수 없기 때문이다.

③ 슬레이브에서 마스터와의 연결 상태가 복원된 것을 확인한다.

그림 3-6 재연결 확인

이 과정에서 슬레이브는 앞의 3.2 섹션에서 설명한 형태로 다시 마스터의 모든 내용을 가져온다.

④ 다만 마스터에 장애가 발생하여 마스터에 데이터가 하나도 없는 경우에는 슬레이브의 모든 내용이 사라진다.

그림 3-7 마스터에 데이터가 하나도 없는 경우

이 문제는 그림 3-3에서 가장 마지막에 emptyDb를 호출하기 때문에 발생한다. 마스터와 동일한 데이터를 유지하기 위해서 RDB를 읽어들이기 전에 현재 자신(슬레이브)의 데이터를 모두 삭제하고 마스터와 싱크를 맞추므로, 마스터에 데이터가 없을 경우 모든 데이터가 날아간다. 이 경우, 장애 발생 시 슬레이브를 사용할 수 없게 된다.

그래서 "slaveof no one"이라는 명령이 중요하다. 일단 장애 판단 여부는 관리자나 다른 서비스에서 체크할 수 있다고 하고 명시적으로 현재 마스터에 장애가 일어난 것을 알고 있다면, 해당 슬레이브에 "slaveof no one" 명령을 줘서 더 이상 슬레이브로 동작하지 않도록 설정한다. "slaveof no one" 명령을 주면 현재까지의 데이터를 모두 보존하기 때문에 데이터의 유실이 없다.

```
  redis 127.0.0.1:6380> slaveof no one
OK
```

3.3.2 복제 시에 무조건 RDB를 백그라운드로 생성한다는 것을 주의하자

일반적으로 RDB를 사용하면 메모리를 두 배로 사용할 가능성이 있기 때문에, RDB를 사용하지 않는 경우도 있다. 반면 복제를 하면, 사용자의 설정과는 무관하게 무조건 슬레이브에 전달할 RDB를 만들기 위해 fork를 해서 RDB를 생성한다. 즉, 이때 새로운 문제가 발생할 여지가 있다는 것이다. 따라서 하나의 프로세스가 너무 많은 메모리를 사용하지 않도록 나누는 과정이 필요하다.

3.4 Redis 복제를 이용한 실시간 마이그레이션

Redis 서비스를 운영하다 보면, 현재의 데이터를 더 좋은 장비로 이전해야 하는 경우가 생긴다. 가능한 한 다운 타임 없이 바로 데이터를 옮기고 싶어 하는데, 이때 Redis의 복제 기능을 이용하면 다운 없이 쉽게 데이터를 이전할 수 있다.

가령, 기존 마스터는 "127.0.0.1:6379"이고 새로운 장비는 "127.0.0.1:6380"이라고 가정할 때, 다음과 같은 순서로 작업하면 된다.

① 데이터 이전을 위한 새로운 Redis 인스턴스를 실행한다.
더 많은 메모리와 성능을 가진 장비에 새로운 Redis 프로세스를 하나 실행한다.

② 새로운 Redis 인스턴스를 기존 마스터의 슬레이브로 설정한다.
새로운 장비에서 slaveof 명령을 수행하여 마스터의 슬레이브로 설정한다.

```
Slavcof 127.0.0.1 6379
```

③ 새로운 장비의 slave-read-only 설정을 끈다.
기본적으로 슬레이브는 slave-read-only로 설정되는데, 이 기능을 꺼서 슬레이브에서도 업데이트가 가능하도록 설정한다. 다만 슬레이브의 변경이 마스터로 전달되지는 않는다.

```
config set slave-read-only no
```

④ 클라이언트들이 새로운 Redis 인스턴스를 마스터로 인식하도록 설정을 바꾼다. 이 설정이 바뀌는 동안 이전의 Redis 마스터와 새로운 Redis 서버로 모든 데이터가 전달되고, 마스터에 전달된 내용은 자동적으로 새로운 서버로 복제되어 저장된다. 따라서 새로운 Redis 서버에는 모든 데이터가 남아 있게 된다.

⑤ "slaveof no one" 명령을 이용해서 새로운 Redis 인스턴스와 기존 마스터와의 연결을 종료한다.

이 작업을 하기 전에, 기존 마스터 장비에 더는 요청이 없다는 것을 확인해야 한다. 이 부분을 확인한 후에는 "slaveof no one" 명령을 127.0.0.1:6380 장비에서 실행하여, 더는 기존 마스터의 영향을 받지 않도록 설정한다.

```
Slaveof no one
```

⑥ 기존 마스터 장비를 제거한다.

모든 데이터가 이전되었으므로 기존 마스터를 제거한다. 이로써 데이터 이전 과정이 모두 끝났다.

4 | Redis HA와 Sentinel

Redis를 실제 서비스에 이용하려면 HA^High Availability^는 필수다. 당연한 이야기겠지만 Redis 서버 한 대로만 서비스할 때 해당 장비에 장애가 발생하면 더는 서비스할 수 없다. 여러 대의 Redis 장비를 단순히 캐시 용도로만 사용하거나 클라이언트에서 해싱하여 사용한다면, 장비에 장애가 발생해 일부 데이터가 사라진다고 하더라도 문제가 없다. 다만, 유실되어서는 안 되는 데이터인 경우 큰 문제가 발생한다.

이러한 문제들을 미연에 방지하기 위해 Redis 서비스를 운영할 때는 기본적으로 마스터/슬레이브 형태로 서비스한다. 다만 이렇게 서비스를 운영할 경우, 마스터 장애 발생 시 슬레이브가 마스터 대신 서비스하도록 변경해주는 기능이 필요하다. Redis 2.6 버전부터 슬레이브의 'slave-read-only'가 'yes'로 설정되어 있어서 쓰기 요청은 모두 실패하므로, 슬레이브의 전환 기능은 꼭 필요하다.

또한, 마스터의 서비스 장애를 판별하는 것도 이슈가 될 수 있다. 마스터의 상태가 정상적인지 아닌지를 어떻게 판별할 수 있을까? 장애가 발생하더라도 제대로 운영하려면 다음과 같은 작업이 필요하다.

① 마스터의 장애를 정확히 판별한다.
② 슬레이브를 마스터로 승격시킨다.
③ 해당 작업 내용을 클라이언트에게 통지한다.

①, ②, ③과 같은 작업을 하는 서비스를 직접 구현하기는 쉽지 않으며 귀찮은 일인데, Redis에서는 기본적으로 'Sentinel'이라는 데몬을 이용하여 해당 작업을 처리한다. 다만 작업 ③의 경우, Sentinel에서는 이미 장애가 발생한 마스터에 접속된 클라이언트^Client^를 알 수 없으므로 해당 알림을 원하는 클라이언트는 Redis Pub/

Sub으로 Sentinel에 등록해야 한다.

4.1 Redis HA와 Sentinel 구성

Redis와 Sentinel을 구성하는 일반적인 형태는 다음과 같다.

그림 4-1 Redis와 Sentinel 구성

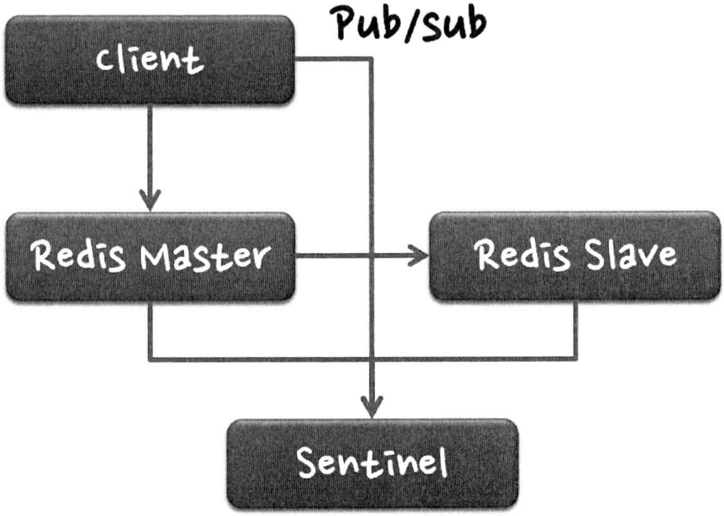

'Redis Master'에 장애가 발생하면 Sentinel은 슬레이브 중 한 대를 선택해서 마스터로 승격시킨다(슬레이브가 한 대면 해당 슬레이브를 마스터로 승격시킨다). 그림 4-2에서부터 그림 4-5는 슬레이브를 마스터로 승격시키는 과정을 보여준다.

그림 4-2 Sentinel의 Redis Master 장애 탐지

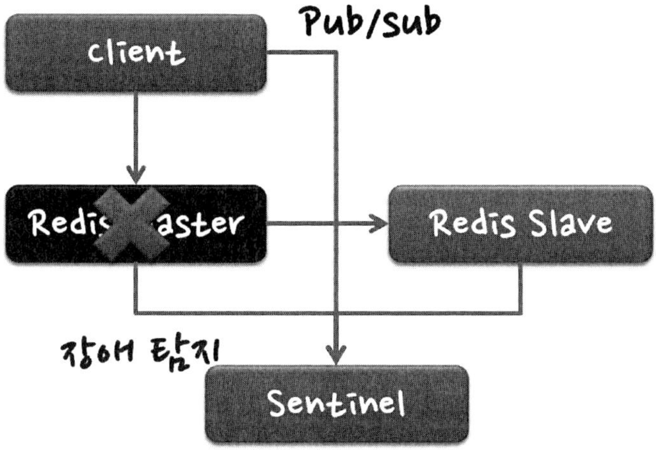

그림 4-3 Sentinel이 Redis Slave를 마스터로 승격시킴

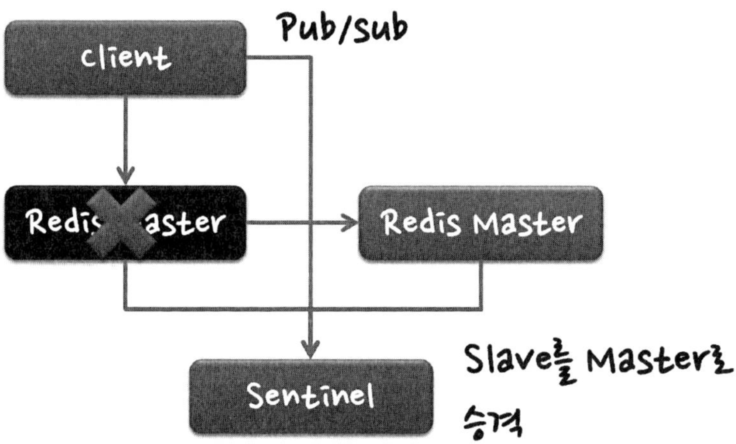

그림 4-4 Sentinel이 Client에 Pub/Sub으로 통지

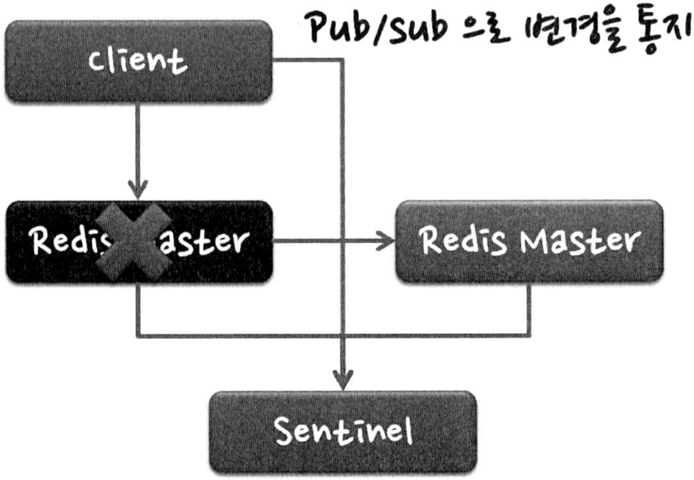

그림 4-5 Client가 Connection을 승격된 마스터로 변경

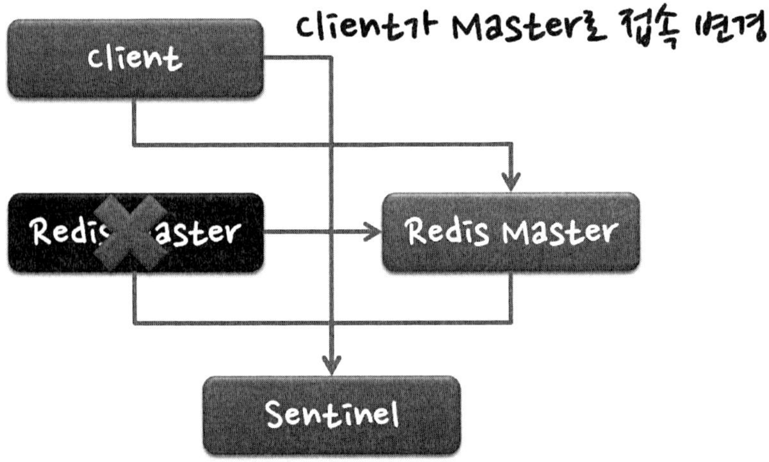

4.2 Sentinel은 어떻게 장애를 판별할까?

Sentinel의 주요 기능 중 하나가 현재 모니터링하는 서버(마스터/슬레이브 포함)에 장애가 발생하였는지를 판별하는 것이다. 기본적으로는 PING 명령의 응답을 이용해서 판단하는데, 응답이 없다고 해서 바로 해당 서버가 장애라고 판단하여 마스터를 변경하지는 않는다.

PING 명령은 sentinelPingReplyCallback 함수에서 응답 시간을 기록하는데, 여기서는 last_avail_time을 변경하는 부분을 주의해서 봐야 한다.

```
void sentinelPingReplyCallback(redisAsyncContext *c, void *reply, void
  *privdata) {
    sentinelRedisInstance *ri = c->data;
    redisReply *r;

    if (ri) ri->pending_commands--;
    if (!reply || !ri) return;
    r = reply;

    if (r->type == REDIS_REPLY_STATUS ||
        r->type == REDIS_REPLY_ERROR) {
        /* Update the "instance available" field only if this is an
         * acceptable reply. */
        if (strncmp(r->str,"PONG",4) == 0 ||
            strncmp(r->str,"LOADING",7) == 0 ||
            strncmp(r->str,"MASTERDOWN",10) == 0)
        {
            ri->last_avail_time = mstime();
        } else {
            /* Send a SCRIPT KILL command if the instance appears to be
             * down because of a busy script. */
```

```
            if (strncmp(r->str,"BUSY",4) == 0 &&
                (ri->flags & SRI_S_DOWN) &&
                !(ri->flags & SRI_SCRIPT_KILL_SENT))
            {
                redisAsyncCommand(ri->cc,
                    sentinelDiscardReplyCallback, NULL, "SCRIPT KILL");
                ri->flags |= SRI_SCRIPT_KILL_SENT;
            }
        }
    }
    ri->last_pong_time = mstime();
}
```

Sentinel는 'SDOWN'과 'ODOWN'이라는 두 가지 상태로 장애를 인식한다. SDOWN은 'Subjectively Down'의 약어로 Sentinel 하나가 해당 서버가 장애라고 인식하는 주관적인 장애 상태다. ODOWN은 'Objectively Down'의 약어로 여러 대의 Sentinel이 해당 서버가 장애라고 인식하는 객관적인 다운 상태다. Sentinel 설정을 보면 장애 발생 시 Failover를 위한 정족수[01] 설정이 있는데, 이 값 이상의 Sentinel 서버가 장애라고 판단하면 해당 서버는 ODOWN 상태가 된다.

그림 4-6 SDOWN 상태: Sentinel 한 대가 해당 서버를 장애로 판단한 상태

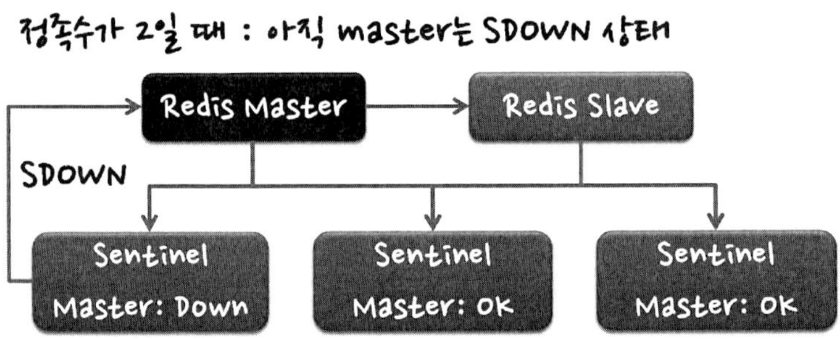

01 의사를 진행하고 결정하는 데 필요한 최소한의 수다.

여기서 잠깐_ Sentinel에서 정족수 설정의 중요성

앞서, ODOWN으로 설정해야만 Failover되어서 이전 마스터 대신 슬레이브를 마스터로 승격할 수 있다고 했다. 만약 정족수를 '3'으로 설정했는데 Sentinel이 2대라면, 정족수가 절대 3이 될 수 없으므로 장애가 발생하더라도 슬레이브는 마스터로 승격될 수 없다. 그래서 Sentinel 값 설정은 매우 중요하다. 보통 Sentinel 장비 수를 홀수로 두고 그 과반수를 정족수로 설정하는 것이 좋다.

해당 서버가 SDOWN인지를 판별하기 위해서 sentinelCheckSubjectivelyDown 함수를 이용한다(sentinel.c 참조). 해당 서버의 last_avail_time과 현재 시간과의 차이가, 설정된 down_after_period 값보다 크면 SDOWN이 된다. 'down_after_period'는 슬레이브에서 30초(30000)로 설정되어 있으며, 마스터에서는 설정한 값이 등록된다.

```
void sentinelCheckSubjectivelyDown(sentinelRedisInstance *ri) {
    mstime_t elapsed = mstime() - ri->last_avail_time;

    /* Check if we are in need for a reconnection of one of the
     * links, because we are detecting low activity.
     *
     * 1) Check if the command link seems connected, was connected not less
     *    than SENTINEL_MIN_LINK_RECONNECT_PERIOD, but still we have an
     *    idle time that is greater than down_after_period / 2 seconds. */
    if (ri->cc &&
        (mstime() - ri->cc_conn_time) > SENTINEL_MIN_LINK_RECONNECT_PERIOD &&
        (mstime() - ri->last_pong_time) > (ri->down_after_period/2))
    {
        sentinelKillLink(ri,ri->cc);
    }
```

```
    /* 2) Check if the pubsub link seems connected, was connected not less
     *    than SENTINEL_MIN_LINK_RECONNECT_PERIOD, but still we have no
     *    activity in the Pub/Sub channel for more than
     *    SENTINEL_PUBLISH_PERIOD * 3.
     */
    if (ri->pc &&
        (mstime() - ri->pc_conn_time) > SENTINEL_MIN_LINK_RECONNECT_PERIOD &&
        (mstime() - ri->pc_last_activity) > (SENTINEL_PUBLISH_PERIOD*3))
    {
        sentinelKillLink(ri,ri->pc);
    }

    /* Update the subjectively down flag. */
    if (elapsed > ri->down_after_period) {
        /* Is subjectively down */
        if ((ri->flags & SRI_S_DOWN) == 0) {
            sentinelEvent(REDIS_WARNING,"+sdown",ri,"%@");
            ri->s_down_since_time = mstime();
            ri->flags |= SRI_S_DOWN;
        }
    } else {
        /* Is subjectively up */
        if (ri->flags & SRI_S_DOWN) {
            sentinelEvent(REDIS_WARNING,"-sdown",ri,"%@");
            ri->flags &= ~(SRI_S_DOWN|SRI_SCRIPT_KILL_SENT);
        }
    }
}
```

그림 4-7 ODOWN 상태: 정족수의 Sentinel이 해당 서버를 장애로 판단한 상태로, Failover를 실행한다.

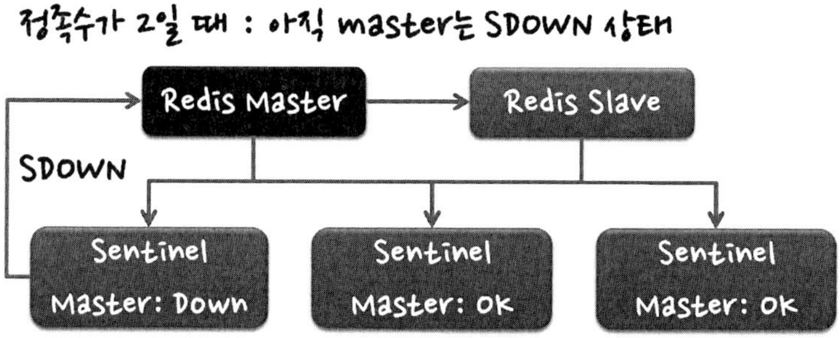

ODOWN을 판별하기 위해서 sentinelCheckObjectivelyDown 함수를 이용한다. 현재 Sentinel의 입장에서 해당 서버가 SDOWN일 때만 정족수를 체크하며, 정족수에 도달하면 ODOWN 상태로 설정된다.

```
/* Is this instance down accordingly to the configured quorum? */
void sentinelCheckObjectivelyDown(sentinelRedisInstance *master) {
    dictIterator *di;
    dictEntry *de;
    int quorum = 0, odown = 0;

    if (master->flags & SRI_S_DOWN) {
        /* Is down for enough sentinels? */
        quorum = 1; /* the current sentinel. */
        /* Count all the other sentinels. */
        di = dictGetIterator(master->sentinels);
        while((de = dictNext(di)) != NULL) {
            sentinelRedisInstance *ri = dictGetVal(de);

            if (ri->flags & SRI_MASTER_DOWN) quorum++;
        }
        dictReleaseIterator(di);
```

```
            if (quorum >= master->quorum) odown = 1;
        }

        /* Set the flag accordingly to the outcome. */
        if (odown) {
            if ((master->flags & SRI_O_DOWN) == 0) {
                sentinelEvent(REDIS_WARNING,"+odown",master,"%@ #quorum %d/%d",
                    quorum, master->quorum);
                master->flags |= SRI_O_DOWN;
                master->o_down_since_time = mstime();
            }
        } else {
            if (master->flags & SRI_O_DOWN) {
                sentinelEvent(REDIS_WARNING,"-odown",master,"%@");
                master->flags &= ~SRI_O_DOWN;
            }
        }
    }
```

4.3 Sentinel은 마스터로 승격할 슬레이브를 어떻게 선택할까?

Sentinel을 운영하다 보면 마스터에 장애가 발생했을 때 여러 대의 슬레이브 중 어떤 슬레이브가 마스터로 승격될 것인지 궁금할 것이다. 새로운 마스터는 ODOWN 되었을 때 선출하는데, 어떤 슬레이브를 선택하는지는 sentinelSelectSlave 함수를 통해 결정된다.

```
sentinelRedisInstance *sentinelSelectSlave(sentinelRedisInstance *master) {
    sentinelRedisInstance **instance =
        zmalloc(sizeof(instance[0])*dictSize(master->slaves));
    sentinelRedisInstance *selected = NULL;
```

```
int instances = 0;
dictIterator *di;
dictEntry *de;
mstime_t max_master_down_time = 0;

if (master->flags & SRI_S_DOWN)
    max_master_down_time += mstime() - master->s_down_since_time;
max_master_down_time += master->down_after_period * 10;

di = dictGetIterator(master->slaves);
while((de = dictNext(di)) != NULL) {
    sentinelRedisInstance *slave = dictGetVal(de);
    mstime_t info_validity_time = mstime()-SENTINEL_INFO_VALIDITY_TIME;

    if (slave->flags & (SRI_S_DOWN|SRI_O_DOWN|SRI_DISCONNECTED)) continue;
    if (slave->flags & SRI_DEMOTE) continue; /* Old master not yet ready. */
    if (slave->last_avail_time < info_validity_time) continue;
    if (slave->slave_priority == 0) continue;

    /* If the master is in SDOWN state we get INFO for slaves every second.
     * Otherwise we get it with the usual period so we need to account for
     * a larger delay. */
    if ((master->flags & SRI_S_DOWN) == 0)
        info_validity_time -= SENTINEL_INFO_PERIOD;
    if (slave->info_refresh < info_validity_time) continue;
    if (slave->master_link_down_time > max_master_down_time) continue;
    instance[instances++] = slave;
}
dictReleaseIterator(di);
if (instances) {
    qsort(instance,instances,sizeof(sentinelRedisInstance*),
        compareSlavesForPromotion);
```

```
            selected = instance[0];
        }
        zfree(instance);
        return selected;
    }
```

위의 소스 코드를 분석해보면, 새로운 마스터가 다음과 같이 설정됨을 알 수 있다.

① SDOWN, ODOWN, DISCONNECT된 상태인 슬레이브는 제외
② 'last_avail_time'이 'info_validity_time'보다 작으면 제외
③ 'info_refresh 값이 'info_validity_time'보다 작으면 제외
④ 'master_link_down_time'이 'max_master_down_time'보다 크면 제외
⑤ 남은 후보들 중에서 slave_priority가 높은 슬레이브가 우선적으로 선택되고, slave_priority가 같으면 runid를 비교해서 가장 큰 값의 마스터로 선택 (slave_priority가 0이면 제외)

여기서 잠깐_ 절대로 승격되지 않는 슬레이브가 필요하다면?

때로는 백업 전용 서버가 필요하며, 해당 서버는 절대 서비스에 직접적으로 투입되지 않기를 바랄 수도 있다. 이럴 경우 'redis.conf'에서 slave_priority 값을 0으로 설정하면 된다. 그러면 해당 슬레이브는 절대 마스터로 승격되지 않는다. 단, 슬레이브가 한 대밖에 없더라도 마스터로 승격되지 않으므로 주의해야 한다.

4.4 Sentinel 설정과 사용

지금까지 Sentinel의 내부에 대해 설명했지만, 우리의 진짜 관심사는 Sentinel을 이용해서 어떻게 Failover를 구성하느냐이다. 이를 위해 먼저 Sentinel의 설정을 살펴보자.

다음은 sentinel.conf의 내용으로 하나의 클러스터(마스터/슬레이브 쌍)를 위한 설정이다.

```
    sentinel monitor resque 127.0.0.1 2001 2
    sentinel down-after-milliseconds resque 3000
    sentinel failover-timeout resque 900000
    sentinel can-failover resque yes
  sentinel parallel-syncs resque 1
```

위의 내용은 중요하므로 자세히 살펴보자.

① 모니터링할 마스터 서버의 주소와 해당 클러스터의 이름, 정족수로 구성된다.

```
sentinel monitor resque 127.0.0.1 2001 2
sentinel monitor 〈클러스터 명〉 〈마스터 IP〉 〈마스터 Port〉 〈정족수〉
```

② 다운으로 인식하는 시간을 설정한다. 이 값이 sentinelCheckSubjectively Down에서 사용하는 마스터의 'down_after_period'가 된다.

```
sentinel down-after-milliseconds resque 3000
sentinel down-after-milliseconds 〈클러스터 명〉 〈시간 miliseconds〉
```

③ Failover 시에 사용되는 timeout을 설정한다.

```
sentinel failover-timeout resque 900000
sentinel failover-tiemout 〈클러스터 명〉 〈시간 miliseconds〉
```

④ Failover할 것인지 여부를 설정한다. 이 값을 yes로 해야만 마스터에 장애가 발

생할 때 해당 Sentinel이 Failover를 진행할 수 있다.

```
sentinel can-failover resque yes
sentinel can-failover <클러스터 명> <yes/no>
```

⑤ 새로운 마스터 승격 후에 몇 개의 슬레이브가 싱크를 해야 실제로 클라이언트에게 알려줄 것인지를 설정한다.

```
sentinel parallel-syncs resque 1
sentinel parallel-syncs <클러스터 명> <sync할 slave 숫자>
```

이제 클라이언트가 Sentinel에서 통지받는 방법에 대해서 알아보자.

Sentinel는 Psubscribe 명령을 통해서 정보를 받는다. 먼저 "127.0.0.1:2000 (Master)", "127.0.0.1:2001", "127.0.0.1:2002" 등 서버 3대를 하나의 클러스터로 설정한다. 그런 다음, Sentinel에 접속한 후 'psubscribe *'로 pub/sub을 이용한 상태에서 마스터를 종료시킨다.

```
charsyam@charsyam-vm-main:~/works/redis-2.6.14$ src/redis-cli -p 26379
redis 127.0.0.1:26379> psubscribe *
Reading messages... (press Ctrl-C to quit)
1) "psubscribe"
2) "*"
3) (integer) 1
1) "pmessage"
2) "*"
3) "+sdown"
4) "master mymaster 127.0.0.1 2000"
1) "pmessage"
```

```
2) "*"
3) "+odown"
4) "master mymaster 127.0.0.1 2000 #quorum 1/1"
1) "pmessage"
2) "*"
3) "+failover-triggered"
4) "master mymaster 127.0.0.1 2000"
1) "pmessage"
2) "*"
3) "+failover-state-wait-start"
4) "master mymaster 127.0.0.1 2000 #starting in 8157 milliseconds"
1) "pmessage"
2) "*"
3) "+failover-state-select-slave"
4) "master mymaster 127.0.0.1 2000"
1) "pmessage"
2) "*"
3) "+selected-slave"
4) "slave 127.0.0.1:2002 127.0.0.1 2002 @ mymaster 127.0.0.1 2000"
1) "pmessage"
2) "*"
3) "+failover-state-send-slaveof-noone"
4) "slave 127.0.0.1:2002 127.0.0.1 2002 @ mymaster 127.0.0.1 2000"
1) "pmessage"
2) "*"
3) "+failover-state-wait-promotion"
4) "slave 127.0.0.1:2002 127.0.0.1 2002 @ mymaster 127.0.0.1 2000"
1) "pmessage"
2) "*"
3) "+promoted-slave"
4) "slave 127.0.0.1:2002 127.0.0.1 2002 @ mymaster 127.0.0.1 2000"
1) "pmessage"
```

```
2) "*"
3) "+failover-state-reconf-slaves"
4) "master mymaster 127.0.0.1 2000"
1) "pmessage"
2) "*"
3) "+slave-reconf-sent"
4) "slave 127.0.0.1:2001 127.0.0.1 2001 @ mymaster 127.0.0.1 2000"
1) "pmessage"
2) "*"
3) "+slave-reconf-inprog"
4) "slave 127.0.0.1:2001 127.0.0.1 2001 @ mymaster 127.0.0.1 2000"
1) "pmessage"
2) "*"
3) "+slave-reconf-done"
4) "slave 127.0.0.1:2001 127.0.0.1 2001 @ mymaster 127.0.0.1 2000"
1) "pmessage"
2) "*"
3) "+failover-end"
4) "master mymaster 127.0.0.1 2000"
1) "pmessage"
2) "*"
3) "+switch-master"
4) "mymaster 127.0.0.1 2000 127.0.0.1 2002"
1) "pmessage"
2) "*"
3) "+slave"
4) "slave 127.0.0.1:2001 127.0.0.1 2001 @ mymaster 127.0.0.1 2002"
1) "pmessage"
2) "*"
3) "+sdown"
4) "slave 127.0.0.1:2000 127.0.0.1 2000 @ mymaster 127.0.0.1 2002"
```

위의 메시지들은 현재 상태를 알려준다. 현재 상태 정보 중 가장 중요한 것은 '+switch-master'를 감지하는 것이다. +switch-master 값이 "mymaster 127.0.0.1 2000 127.0.0.1 2002"라고 되어 있는데, 이는 다음과 같은 내용이다.

〈클러스터 명〉〈이전 마스터 IP〉〈이전 마스터 Port〉〈새 마스터 IP〉〈새 마스터 Port〉

즉, 위의 메시지를 받은 클라이언트가 새로운 마스터의 IP와 Port를 이용하여 서버 목록을 바꿔서 다시 접속하면, Failover가 완료된다.

4.5 Sentinel은 다른 노드를 어떻게 발견할까?

Sentinel은 "sentinel monitor 127.0.0.1 6379 1"로 설정되어 있다. 마스터의 주소만 적고, 다른 Sentinel 노드나 슬레이브 노드에 대한 주소값은 지정하지 않는다. 또 슬레이브 노드에 대한 주소가 설정되어 있어도, 슬레이브 노드의 마스터 주소를 자동으로 설정한다. 왜 이렇게 설정할까?

Sentinel이 마스터 노드나 슬레이브 노드를 찾는 방법은 info 명령에 있다. 3.1섹션에서 소개했듯이 info 명령에 각 마스터와 슬레이브의 정보가 있다. 슬레이브 노드라면, 마스터 노드의 주소로 변경해서 처리하게 되고, 마스터 노드라면 슬레이브 노드 주소를 가져와서 해당 클러스터를 위한 슬레이브 목록을 만든다.

하나의 클러스터에서 정보를 구축하는 것은 알게 됐는데, Sentinel 노드들끼리는 어떻게 알 수 있을까? Sentinel은 현재 Redis 마스터 노드에 "SENTINEL_HELLO_CHANNEL (__sentinel__:hello)"라는 Pubscribe 채널을 만드는데, 새로 접속한 Sentinel은 해당 채널에 hello 메시지를 전달하며 이를 통해서 서로의 존재를 알게 된다.

다음은 Sentinel이 주고받는 메시지다.

```
*4
$8
pmessage
$1
*
$18
__sentinel__:hello
$58
127.0.0.1:26379:7d717f945afde99e6f82f825de052f17cab7e6f3:1
```

이 메시지는 실제로 sentinelReconnectInstance에서 처리된다.

```
/* Create the async connections for the specified instance if the instance
 * is disconnected. Note that the SRI_DISCONNECTED flag is set even if just
 * one of the two links (commands and pub/sub) is missing. */
void sentinelReconnectInstance(sentinelRedisInstance *ri) {
    if (!(ri->flags & SRI_DISCONNECTED)) return;

    /* Commands connection. */
    if (ri->cc == NULL) {
        ri->cc = redisAsyncConnect(ri->addr->ip,ri->addr->port);
        if (ri->cc->err) {
            sentinelEvent(REDIS_DEBUG,"-cmd-link-reconnection",ri,"%@ #%s",
                ri->cc->errstr);
            sentinelKillLink(ri,ri->cc);
        } else {
            ri->cc_conn_time = mstime();
            ri->cc->data = ri;
            redisAeAttach(server.el,ri->cc);
            redisAsyncSetConnectCallback(ri->cc, sentinelLinkEstablishedCallback);
```

```
            redisAsyncSetDisconnectCallback(ri->cc,
                                            sentinelDisconnectCallback);
            sentinelSendAuthIfNeeded(ri,ri->cc);
        }
    }
/* Pub / Sub */
    if ((ri->flags & SRI_MASTER) && ri->pc == NULL) {
        ri->pc = redisAsyncConnect(ri->addr->ip,ri->addr->port);
        if (ri->pc->err) {
            sentinelEvent(REDIS_DEBUG,"-pubsub-link-reconnection",ri,"%@ #%s",
                ri->pc->errstr);
            sentinelKillLink(ri,ri->pc);
        } else {
            int retval;

            ri->pc_conn_time = mstime();
            ri->pc->data = ri;
            redisAeAttach(server.el,ri->pc);
            redisAsyncSetConnectCallback(ri->pc,sentinelLinkEstablishedCallback);
            redisAsyncSetDisconnectCallback(ri->pc, sentinelDisconnectCallback);
            sentinelSendAuthIfNeeded(ri,ri->pc);
            /* Now we subscribe to the Sentinels "Hello" channel. */
            retval = redisAsyncCommand(ri->pc,
                sentinelReceiveHelloMessages, NULL, "SUBSCRIBE %s",
                    SENTINEL_HELLO_CHANNEL);
            if (retval != REDIS_OK) {
                /* If we can't subscribe, the Pub/Sub connection is useless
                 * and we can simply disconnect it and try again. */
                sentinelKillLink(ri,ri->pc);
                return;
            }
        }
```

```
    }
    /* Clear the DISCONNECTED flags only if we have both the connections
     * (or just the commands connection if this is a slave or a
     * sentinel instance). */
    if (ri->cc && (ri->flags & (SRI_SLAVE|SRI_SENTINEL) || ri->pc))
        ri->flags &= ~SRI_DISCONNECTED;
}
```

그리고 위의 Hello Pub/Sub을 이용해서 받은 주소가 현재 자신이 가지고 있지 않은 값이면 새로운 Sentinel로 등록한다.

```
/* This is our Pub/Sub callback for the Hello channel. It's useful in order
 * to discover other sentinels attached at the same master. */
void sentinelReceiveHelloMessages(redisAsyncContext *c, void *reply, void
  *privdata) {
    sentinelRedisInstance *ri = c->data;
    redisReply *r;

    if (!reply || !ri) return;
    r = reply;

    /* Update the last activity in the pubsub channel. Note that since we
     * receive our messages as well this timestamp can be used to detect
     * if the link is probably disconnected even if it seems otherwise. */
    ri->pc_last_activity = mstime();

    /* Sanity check in the reply we expect, so that the code that follows
     * can avoid to check for details. */
    if (r->type != REDIS_REPLY_ARRAY ||
        r->elements != 3 ||
        r->element[0]->type != REDIS_REPLY_STRING ||
```

```
        r->element[1]->type != REDIS_REPLY_STRING ||
        r->element[2]->type != REDIS_REPLY_STRING ||
        strcmp(r->element[0]->str,"message") != 0) return;

/* We are not interested in meeting ourselves */
    if (strstr(r->element[2]->str,server.runid) != NULL) return;
    {
        int numtokens, port, removed, canfailover;
        char **token = sdssplitlen(r->element[2]->str,
                                   r->element[2]->len,
                                   ":",1,&numtokens);
        sentinelRedisInstance *sentinel;

        if (numtokens == 4) {
            /* First, try to see if we already have this sentinel. */
            port = atoi(token[1]);
            canfailover = atoi(token[3]);
            sentinel = getSentinelRedisInstanceByAddrAndRunID(
                ri->sentinels,token[0],port,token[2]);

            if (!sentinel) {
                /* If not, remove all the sentinels that have the same runid
                 * OR the same ip/port, because it's either a restart or a
                 * network topology change. */
                removed = removeMatchingSentinelsFromMaster(ri,token[0],
                   port, token[2]);
                if (removed) {
                    sentinelEvent(REDIS_NOTICE,"-dup-sentinel",ri,
                        "%@ #duplicate of %s:%d or %s",
                        token[0],port,token[2]);
                }
```

```
                /* Add the new sentinel. */
                sentinel = createSentinelRedisInstance(NULL,SRI_SENTINEL,
                    token[0],port,ri->quorum,ri);
                if (sentinel) {
                    sentinelEvent(REDIS_NOTICE,"+sentinel",sentinel,"%@");
                    /* The runid is NULL after a new instance creation and
                     * for Sentinels we don't have a later chance to fill it,
                     * so do it now. */
                    sentinel->runid = sdsnew(token[2]);
                }
            }
            /* Update the state of the Sentinel. */
            if (sentinel) {
                sentinel->last_hello_time = mstime();
                if (canfailover)
                    sentinel->flags |= SRI_CAN_FAILOVER;
                else
                    sentinel->flags &= ~SRI_CAN_FAILOVER;
            }
        }
        sdsfreesplitres(token,numtokens);
    }
}
```

5 | Redis 모니터링

서버를 운영할 때 가장 중요한 것은 '모니터링'이다. 모니터링되어야만 제대로 운영되는지, 장애가 있다면 어떻게 대처할 것인지 알 수 있기 때문이다. Redis 내부에서 살펴봐야 할 정보는 대부분 INFO 명령을 통해서 얻을 수 있다. 처리되는 명령어 수, 메모리 사용량, Key 개수 등만 봐도 Redis 자체의 모니터링이 가능하다.

5.1 Python Script를 통한 Redis 모니터링

Redis 서버를 모니터링하면서 가장 많이 보는 것은 메모리 사용량, 존재하는 Key 개수, 현재 초당 처리되는 명령어 수 등이다. 그런데 여러 대의 Redis 서버를 동시에 관리하면서 이것들만 뽑아 보거나, 자신만의 지표를 체크하기에는 기존의 툴들이 조금 불편할 수도 있다. 필자는 Python을 이용해서 모니터링 상태를 간단하게 체크했는데 이 방법이 상당히 유용했다. Python을 이용하여 간단하게 모니터링하는 방법을 살펴보자.

모니터링 항목은 초당 명령어 처리 수, 접속한 클라이언트 수, 메모리 사용량 등으로 해당 Redis 서버의 역할만을 확인하겠다.

```
import redis
import time

r = redis.StrictRedis('127.0.0.1', 6379)
last_total = 0
while(True):
    ret = r.info()
    if (last_total > 0):
```

```
        print "command: ", int(ret["total_commands_processed"]) - last_total
        print "clients: ", ret["connected_clients"]
        print "memory : ", ret["used_memory_human"]
        print "role   : ", ret["role"]

    last_total = int(ret["total_commands_processed"])
  time.sleep(1)
```

그러면 출력 결과로 다음과 같은 내용을 볼 수 있다.

```
$ python stat.py
command: 1
clients: 1
memory: 530.81K
role: master
command: 1
clients: 1
memory: 530.81K
role: master
```

여기서 모니터링하는 Redis 서버에 장애가 있다든지, 수치가 이상하다면 조건에 따라 여러 가지 작업을 스스로 할 수 있다.

여기서 잠깐_ Python Redis 모듈 설치 방법

우분투Ubuntu를 기준으로 다음과 같이 Python을 설치할 수 있다. python redis module이 설치되어 있지 않으면 import redis에서 오류가 발생한다.

① sudo apt-get install python-setuptools

② sudo easy_install pip

③ sudo pip install redis

5.2 Redis 모니터링 툴 소개

Redis 자체의 모니터링하는 데 보통 Percona의 Cacti/Nagios Redis 플러그인이나 그 외 다음과 같은 것들을 많이 사용한다.

5.2.1 Percona Cacti 플러그인

Cacti/Nagios를 위해 Percona에서 만든 Redis Plugin이 있다. 이것을 이용하면 Cacti/Nagios를 통해서 다른 항목을 통합적으로 볼 수 있다. 기존에 Cacti/Nagios를 사용하고 있는 사람들에게도 도움이 될 것이다.

해당 플러그인은 다음 경로에서 다운받을 수 있다.

- http://www.percona.com/doc/percona-monitoring-plugins/cacti/redis-templates.html

위에서 받은 template을 Cacti의 import template을 이용해서 추가하면, Cacti에서 Redis 서버를 모니터링할 수 있다. 실제 Cacti의 운영 자체는 이 책의 범위를 넘어서는 내용이라 더 자세히 살펴보지는 않겠다.

그림 5-1 Cacti를 이용한 Redis 서버 모니터링

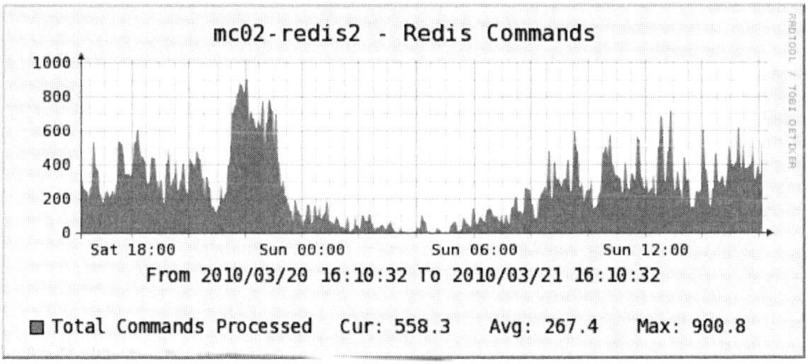

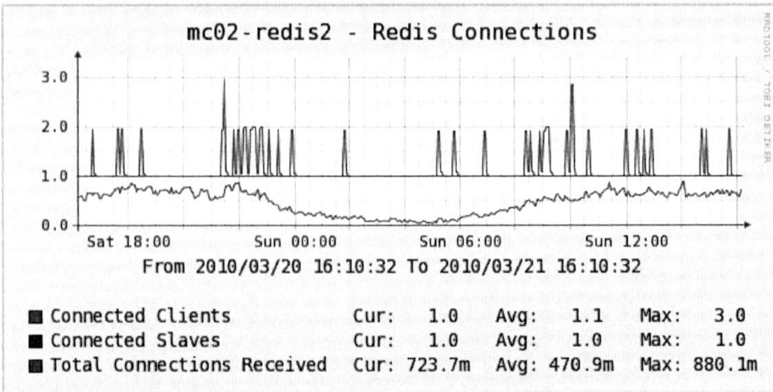

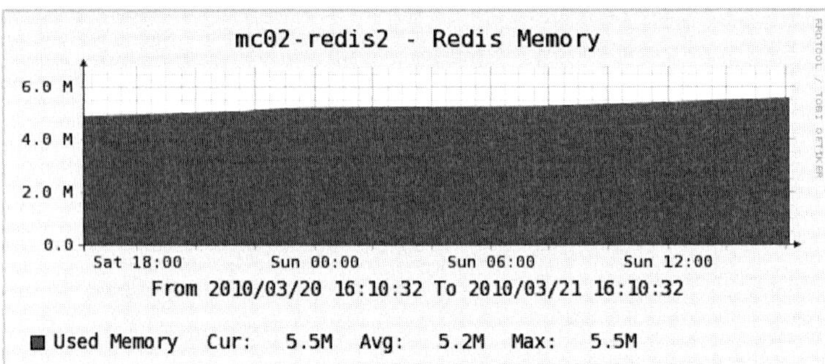

5.2.2 Redis-stat[01]

Redis-stat는 최준건님이 ruby로 만든 Redis 모니터링 툴이다. 콘솔 모니터링 기능과 웹 브라우저를 통한 그래픽 모드를 모두 제공한다.

다음 명령으로 설치한다.

```
gem install redis-stat
```

설치가 완료되면 다음과 같은 형태로 사용할 수 있다.

01 https://github.com/junegunn/redis-stat

```
$> redis-stat localhost:6379
$> redis-stat localhost:6379 localhost:6380
```

Command 모드와 서버 모드 두 가지로 동작하는데, Command 모드에서는 다음과 같은 결과를 볼 수 있다.

그림 5-2 Redis-stat를 이용한 Redis 모니터링

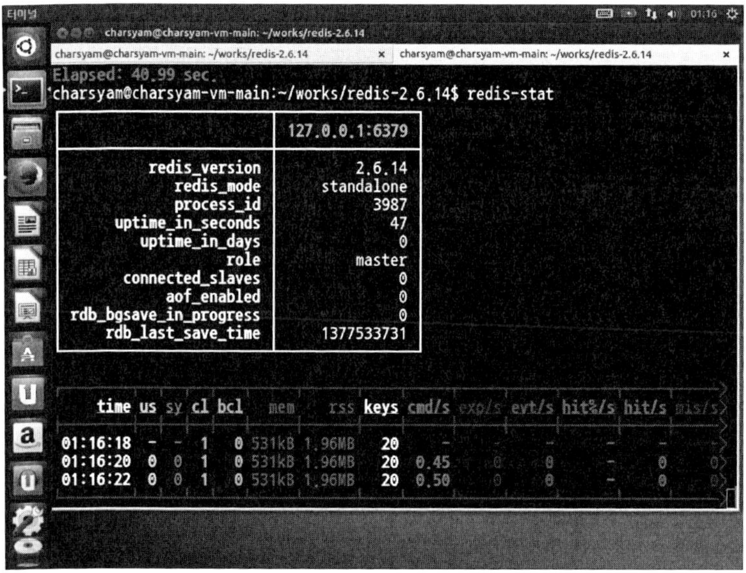

서버 모드로 설정하면 웹에서 해당 결과를 그래프로 볼 수도 있다. 서버 모드로 실행하기 위해서는 '- server=port' 옵션을 추가하면 된다.

```
$> redis-stat localhost:6379 --server=8080
```

여러 개의 서버를 동시에 모니터링할 수도 있는데, 이때는 결과 값이 합쳐져서 하나의 형태로 보여준다. 다만, 여러 서버를 모니터링하는 중에 한 대의 Redis 서버에서만 장애가 발생해도 전체 결과를 보여주지 못한다는 단점이 있다.